NOUVELLES VUES

POLITIQUES ET ÉCONOMIQUES

SUR LA

POPULATION.

TOME PREMIER.

par Henri de Coyon
de la Plombérie
(d'après Barbier)

L'HOMME EN SOCIÉTÉ,

OU

NOUVELLES VUES POLITIQUES ET ÉCONOMIQUES

POUR PORTER

LA POPULATION

AU PLUS HAUT DEGRÉ

EN FRANCE.

TOME PREMIER.

A AMSTERDAM,

Chez M A R C   M I C H E L   R E Y.

M D C C L X I I I.

PRÉFACE

DE

DE L'EDITEUR.

Mr. le Maréchal de Vauban, fi cher à la Nation Françoife par le zele avec lequel il ofa porter aux pieds du trône les cris des malheureux, s'expliquoit ainfi dans un temps où la mifere du petit peuple n'étoit peut-être pas au point où elle eft aujourd'hui. ,, Je me ,, fens encore obligé d'honneur & de ,, confcience, difoit cet illuftre Fran- ,, çois, de repréfenter à Sa Majefté,

,, qu'il m'a paru que de tout temps on
,, n'avoit pas eu affés d'égard en Fran-
,, ce pour le menu peuple, & qu'on
,, en avoit fait trop peu de cas. Auffi
,, c'eft la partie la plus ruinée & la
,, plus miférable du Royaume. C'eft
,, elle cependant qui eft la plus confi-
,, dérable par fon nombre & par les
,, fervices réels & effectifs qu'elle lui
,, rend. Car c'eft elle qui porte tou-
,, tes les charges, qui a toujours le
,, plus fouffert, & qui fouffre encore
,, le plus ; & c'eft fur elle auffi que
,, tombe la diminution des hommes
,, qui arrive dans le Royaume."

Ces réflexions femblent avoir fait naî-
tre & dirigé les nouvelles vues politiques & économiques pour porter la population au plus haut degré en France,
que nous publions. Quoique l'Auteur
parle en quelques endroits de la noblef-

se & de la bourgeoisie vivant noblement, & qu'en général ses projets tendent au bien universel de toutes les Classes de l'Etat, on peut dire néanmoins qu'il affectionne particuliérement cette portion des citoyens, la plus vile aux yeux des ames vulgaires, & la plus estimable pour le sage qui considere que toutes les autres ne subsistent que par elle.

La Classe des laboureurs fixe d'abord ses regards: l'examen des causes qui la dépeuplent & la ruinent, amene les moyens de la recruter, & d'y faire fleurir l'aisance & l'abondance, telle qu'elle convient aux peres nourriciers de l'Etat.

On passe ensuite au peuple des villes, aux professions des artisans, & après y avoir rétabli l'ordre, & en avoir reglé le nombre proportionnellement à une consommation honnête & suffisante de leurs ouvrages, on revient aux habitans de la campagne. Le peuple cultivateur, pendant longtems négligé, a commencé depuis quelque temps à attirer l'attention & les faveurs du gouvernement. Mais cette attention paroît encore trop bornée. Son objet est plutôt le défrichement & la culture des terres du royaume, que le bien-être personnel du payfan laboureur. C'est ce bien-être fur-tout que l'on envifage ici.

La Claffe des domeftiques de l'un & l'autre fexe eft une de celles où il y a le plus de confufion, d'abus & de défordres. Les politiques femblent l'avoir laiffée entiérement à la direction des maîtres, d'où il eft arrivé deux maux très-confidérables: les uns rendent la fervitude trop gênante, même infupportable, par une dureté exceffive: les autres par une négligence criminelle font de leurs domeftiques, ou du moins les laif-

sent devenir des libertins & des frippons.
Un troisieme abus aussi blâmable que les
deux précédens , c'est la trop grande
quantité des domestiques qui par un luxe
& une ostentation mal-entendus , excede souvent & le besoin réel & la condition des maîtres.   On propose d'ex-
cellens réglemens propres à remédier à
tout cela.

Enfin les enfans trouvés, les pauvres,
les libertins, les criminels d'Etat, les filles de mauvaise vie sont des hommes
& des sujets comme nous. L'irrégulari-
té de la naissance des uns les rend dignes
de la pitié charitable du Gouvernement.
L'indigence doit exciter les mêmes sen-
timens de compassion.   Le libertinage
de la jeunesse mérite de séveres châti-
mens, mais une sévérité paternelle.   La
punition des criminels d'Etat, lorsqu'on
ne les a pas condamnés un dernier sup-

plice, doit leur être utile, & propre surtout
à procurer leur amandement, &, au cas
qu'ils rentrent dans la société, à les y faire
vivre en paix & en honnêtes gens. Pour
ce qui est des filles que la foiblesse naturelle au sexe, des vues d'intérêt, le
manque de ressource, ou un malheureux
hazard entraînent dans le desordre &
portent aux plus vils excès, si c'est
un mal nécessaire, il faut du moins empêcher les suites qu'il entraîne, qui ne
vont à rien moins qu'à gâter toute la jeunesse, & pour ainsi dire la fleur de toute
l'espece. Si la politique qui regarde ces
maisons de débauche comme une nécessité dans un grand Royaume, est fausse
& abusive, il faut les supprimer & employer à cet effet toute l'autorité des loix.
Il est sûr que la population en reçoit un
coup terrible. On verra ce que l'Auteur
de ce Traité propose sur tous ces ob-

jets, plus importans qu'on ne l'a cru jufqu'ici.

Nous fommes dans le fiecle des projets.
On les donne avec confiance, on fe com-
plaît dans de belles fpéculations. Mais
les moyens de les exécuter, les fonds
néceffaires pour les commencer & les
porter à leur perfection, à peine y fon-
ge-t-on, on les fuppofe & on ne les
montre point. Ici les fonds font tout
trouvés, on les indique. Quant aux moyens & à leur emploi, cette partie eft
auffi traitée avec foin, & l'on femble
toujours partir de ce principe de la plus
faine politique, que pour mettre l'aifance & l'agrément dans toutes les claffes
d'un Etat, il faut occuper tous les citoyens utilement, quels qu'ils foient, &
les rendre heureux par les fruits même
de leurs travaux. En banniffant l'oifiveté,
on bannit la mifere. En rétabliffant

l'ordre & tenant la balance égale entre toutes les profeffions, c'eft-à-dire en proportionnant le nombre de ceux qui s'y adonnent, à la quantité de la confommation réelle, & en reglant auffi cette confommation fuivant les facultés de chacun & fuivant le produit d'une jufte quantité de travailleurs, on remet l'harmonie, la vigueur, l'abondance & le contentement par-tout: ce qui eft l'unique but des nouvelles vues politiques & économiques.

L'HOM.

L'HOMME EN SOCIÉTÉ,

OU NOUVELLES VUES

POLITIQUES ET ÉCONOMIQUES

POUR PORTER

LA POPULATION

AU PLUS HAUT DEGRÉ

EN FRANCE.

LIVRE PREMIER.

Des Abus qui se sont glissés dans les différentes branches de l'Administration, & des divers Moyens proposés jusques-ici pour y remédier.

CHAPITRE I.

INTRODUCTION.

L'intérêt commun est le fondement de toute société ; c'est lui qui lie les hommes ensemble & les engage à se prêter mutuellement des secours. En partant de ce

point de vue, nous allons tacher de développer les principes & d'indiquer les moyens
qui peuvent contribuer au bien - être des
peuples.

En quelque endroit qu'on puiſſe chercher ces moyens, ce ne ſera jamais que
dans la nature même qu'on pourra les trouver Le bonheur des hommes dépend en
général de la qualité du climat qu'ils habitent, du ſol plus ou moins étendu & fertile, qu'ils ont à cultiver, du goût qu'ils
ont pour le travail, d'une population nombreuſe, & enfin de la ſageſſe du gouvernement qui les dirige.

De toutes les nations civiliſées que l'on
connoiſſe, il n'y en a point que la nature
ait plus favoriſée à tous ces égards que la
France. Située avantageuſement au milieu
de la Zone tempérée, elle jouït d'un air
très ſain, & d'un terroir ſi fertile qu'il eſt
en état de lui fournir abondamment toutes
les néceſſités & les commodités de la vie.
Environnée de toutes parts de nations po-
licées qui recherchent avec empreſſement
à commercer avec elle, elle peut par la
voye de l'échange attirer dans ſes Etats
les richeſſes de ſes voiſins. L'océan d'un
côté & la méditerranée de l'autre, ſes rivieres & ſes canaux lui facilitent le tranſport des denrées tant pour l'importation
que pour l'exportation. Ses peuples ſont
belliqueux ſans férocité; amateurs du bon
goût ſans molleſſe; laborieux ſans être eſclaves à l'ouvrage. Ils ont naturellement

le génie inventif; & aucun peuple n'entend
auffi bien qu'eux, l'art d'ajouter aux découvertes des autres, & de les perfectionner. Cette nation extrêmement active ne
ceffe de s'occuper de tout ce qui peut flatter le goût, varier les modes, fe procurer toutes les commodités & les agrémens
de la vie, en un mot elle réuffit mieux
que toute autre à faire fon amufement des
richeffes qu'elle poffede.

Loin de blâmer ce goût dominant des
François, louons les plutôt d'être nés avec
de fi heureufes difpofitions. En ne laiffant
point à cette nation le temps de la réflexion, elles ne peuvent jamais porter aucune atteinte au gouvernement. Je ne porte-
rai point mes recherches jufqu'à vouloir
pénétrer les refforts fecrets & examiner
les pivots fur lefquels roule toute la politique avec laquelle on la gouverne. Il me
fuffira de dire que par cette raifon les ca-
bales & les féditions font peu connues en
France, & qu'on y jouït de la plus grande
tranquillité, même dans les circonftances
les plus fâcheufes. Tout cela ne contribue
pas peu à former des mœurs douces &
agréables, qui fans doute feront dans tous
les tems des boulevards naturels qui mettront ce peuple à l'abri des infultes de fes
ennemis & des projets de fes voifins ambitieux. Tant qu'une nation auffi puiffante
que la France faura mettre à profit fes avantages, que fes membres feront d'intelligence & qu'elle demeurera foumife à fon fou-

verain, elle fera indomptable & n'aura rien à craindre de fes ennemis étrangers.

Cette defcription, quelque avantageufe qu'elle paroiffe, n'embraffe pas encore tout ce qu'il faut pour rendre un peuple heureux. Son bonheur ne peut être complet fans l'induftrie des habitans, & la culture des terres mifes en valeur qui font fes véritables richeffes. La puiffance d'une nation dépend du nombre plus ou moins grand de fes habitans, & dans la correfpondance mutuelle des citoyens qui concourent avec le fouverain à travailler de concert à leur bonheur. Le pouvoir du fouverain doit être fondé fur la religion & les loix de la nation, & foutenu par les regles de la faine politique Cette politique eft la véritable fcience qui rapproche tous les objets tant généraux que particuliers, pour les réunir à un point commun qui en eft la fin. La fonction la plus importante d'un roi & des miniftres fur qui il fe repofe en partie des charges de fon adminiftration, eft d'être attentifs à entretenir le bon ordre & l'harmonie dans toutes les parties qui compofent le corps de l'Etat. Plus la bonne intelligence regne dans les affaires, plus les peuples approchent du plus grand bonheur auquel ils puiffent afpirer.

Quoique tous les hommes pris en général foient de la même efpece, ils different néanmoins entre eux felon l'éducation qu'ils ont reçue, les préjugés dans lefquels ils ont été élevés, la différence de génie &

de fortune; ce font là les principes des différentes claffes ou conditions qui font l'enfemble de la fociété humaine. Ces conditions dont les vues & les intérêts particuliers font oppofés, forment précifément
l'accord & l'union du tout, & fervent à la
politique comme autant de moyens pour
embraffer & réunir tous les membres au
corps de l'Etat. L'ambition, la fortune &
même jufqu'à la mifere des différens particuliers font autant d'aiguillons qui animent
les hommes vers leur intérêt propre. La
prudence du gouvernement eft de favoir à
propos mettre en œuvre ces agens, & de
les exciter ou arrêter felon les circonftances. Il y a une infinité de moyens pour
exercer l'ambition ; chacun choifit celui
qui le flatte le plus; & il ne feroit pas à
fouhaiter que les chofes fuffent autrement.
La fociété y perdroit & cefferoit bientôt
de fubfifter. Par exemple un peuple qui
n'auroit d'autre talent, d'autre inclination
que la culture des terres & qui négigeroit
tout le refte, manqueroit de quantité de
chofes néceffaires pour la commodité de la
vie, & ne tarderoit pas longtems à devenir
l'efclave des autres nations. Il ne feroit
pas moins à plaindre s'il n'étoit compofé
que d'artifans & de marchands, concen-
trés en eux - mêmes, & fans aucun commerce avec les nations voifines. Pareillement un peuple de philofophes & de gens
de lettres, ou même de guerriers, feroit
à coup fûr un peuple malheureux. On voit

par ces comparaiſons que chaque condition, quoique bonne & utile en elle-même, deviendroit miſérable, ſi chacune n'étoit le partage d'un certain nombre de gens ; il faut que toutes réunies dans une juſte proportion agiſſent mutuellement, ſe modifient, & ſuppléent aux beſoins les unes des autres. Ces principes ſont tirés de la nature même, dont l'auteur a varié les goûts & les inclinations des hommes, afin qu'ils formaſſent enſemble un tout harmonieux, capable de ſe maintenir par ce concert mutuel.

Le Légiſlateur qui ſe conduira d'après ce modele, doit ſavoir mettre à profit les différens génies de tous ſes ſujets, ſaiſir tous les avantages que lui offrent le climat, les qualités du terrein, ſa ſituation reſpective avec les peuples de ſon voiſinage, afin de favoriſer le commerce dans ſon Etat, & de le mettre à l'abri de toute attaque étrangere. Si avec ces talens, il joint la connoiſſance des vrais moyens d'entretenir l'émulation & l'aiſance dans l'intérieur de ſon royaume, il pourra ſe flatter d'avoir trouvé le ſecret infaillible pour devenir un prince très puiſſant & rendre tout ſon peuple heureux.

CHAPITRE II.

Réflexions générales sur les différens projets ou siſtêmes proposés jusques-ici pour réformer les abus qui se font introduits dans toutes les parties du gouvernement, avec un exposé simple des vues de l'auteur.

Presque tous les auteurs qui ont traité des matieres de la politique, s'accordent enſemble pour trouver les mêmes défauts dans l'adminiſtration du gouvernement; mais chacun d'eux a propoſé pour y remédier des moyens différens, qui quand on les approfondit & qu'on les compare avec les mœurs & le goût de la nation, paroiſſent évidemment impoſſibles dans l'exécution, en ce qu'ils heurtent de front les préjugés reçus, & ſappent les fondements du gouvernement autoriſé par l'uſage. Vouloir attaquer des principes généralement adoptés par la nation, c'eſt tenter en quelque ſorte de rompre les liens qui uniſſent & reſſerrent toute la ſociété ſous un même point. D'un autre côté ſi on ne corrige qu'une partie du vice, comme quelques-uns ſe le ſont propoſé, on ne fait qu'élaguer l'arbre, & lui donner la facilité de croître avec plus de force qu'auparavant; ainſi bien loin de corriger les défauts & de remédier aux inconvéniens en ne touchant qu'à certaines cordes & négligeant les autres, on tend à détruire l'harmonie générale d'où dépend toute la folidité de l'édifice.

Tels ont été les fiftêmes de gouvernement qu'on a propofés jufqu'à préfent: la Dixme royale de Mr. de Vauban, la Taille tariffée de Mr. l'Abbé de St. Pierre; tels font encore plufieurs moyens que Mr. le Comte de Boulainvilliers a inférés dans fes mémoires. Ceux que nous a donnés Mr. de la Jonchere font de vraies chimeres, contraires au bien de l'Etat & du gouvernement. Que peut-on attendre d'une compagnie compofée de tous les grands & les plus notables du royaume, qui entreprendroient tout, entre les mains de qui toutes les affaires paffëroient, qui auroient toutes les troupes à leur folde, qui fe faifiroient des rênes du gouvernement, & ne laifferoient au fouverain que le feul titre de roi fans aucune autorité? Ce feroit d'un état monarchique vouloir en faire une Ariftocratie, & augmenter les embarras & les difficultés, fous prétexte de rétablir les chofes dans un meilleur ordre. Comment peut-on concevoir qu'un feul parlement, un feul bureau pour tout le royaume pût jamais fuffire à toutes les affaires qui fe rencontrent dans un Etat, & qui fe multiplient fans fin chez une nation auffi pétulante que la françoife, tandis que douze parlemens qui fubfiftent actuellement & une quantité prodigieufe de jurisdictions fubalternes y fuffifent à peine? Par quel moyen trouveroit-on dans le royaume fix milliards d'argent pour former tous ces prétendus beaux établiſſemens, qui ne ſont que des remedes imaginaires, & plus pernicieux que les maux que l'auteur ſe propoſoit de détruire?

Pourquoi ne pas s'attacher plutôt à la ſource du mal? L'agriculture, les arts, le commerce ſont négligés; voilà le mal, voilà l'inconvénient auquel il faut remédier; & c'eſt à quoi les gens à ſiſtêmes ne viſent pas. Aucun d'eux ne nous a tracé des réglemens ſages, ſimples & à la portée de tout le monde pour faciliter le rétabliſſement de la bonne culture des terres, des manufactures & du commerce; point de police qui fixe chaque état & preſcrive des barrieres pour contenir chaque claſſe des ſujets dans la condition où ils ſont nés. Ce point eſt pourtant extrêmement néceſſaire; comme on le fera voir ci-après; il ne faudroit pourtant pas ſerrer ſi fort ces liens qu'une liberté honnête appuyée du mérite, des talens ou de la fortune ne pût aiſément les franchir, de façon que l'intérêt des particuliers tendît toujours au bien général de la ſociété. Voilà les objets qu'on doit ſe propoſer; & non pas un bouleverſement général de tous les établiſſemens qui ſont faits, & qui nous expoſeroit à l'embarras & à la confuſion, ſuites néceſſaires des nouveautés que l'on introduit bruſquement. Je ne deſaprouve pas que l'on rembourſe toutes les charges, que l'on acquitte toutes les dettes de l'Etat, & qu'on retire des mains des En-

gagiftes les domaines du roi que les malheurs des tems ont forcé d'aliéner. Au
contraire, ce feroit un très grand bien ;
mais ce n'eft que peu à peu qu'on peut y
parvenir, & à mefure que le gouvernement prenant une nouvelle forme, toutes
ces chofes fe pourront faire commodément
fans préjudicier à qui que ce foit, & uniquement pour employer les fonds qu'on
auroit mis en réferve.

Une entreprife telle que celle de rétablir
les chofes fur le pied où elles devroient
être, ne peut pas être l'ouvrage de quelques mois. Il faut bien des années pour
que l'agriculture reprenne vigueur & puiffe
fe reffentir des améliorations dont elle eft
fufceptible. Le commerce & les arts n'é-
tant fondés que fur le rétabliffement de la
culture des terres, ils ne peuvent fleurir
que longtems après les premiers établiffemens propres à la faire revivre. Il en eft
de même de la population ; elle eft la fuite
& le fruit d'une production abondante des
terres & d'un commerce brillant. Il faut
donc laiffer pour quelque tems fubfifter les
établiffemens anciens quoique vicieux,
jufqu'à ce que les nouveaux foient dans
leur force & qu'ils aient donné par leur
réuffite de la confiance, & préfenté des
moyens fûrs pour pouvoir fe paffer abfolument de ceux qu'on veut abolir. Il faut
imiter l'architecte habile qui reconftruit à
neuf une maifon fans en déloger perfonne,
parce qu'il a le fecret de conftruire de nou-

veaux appartemens pour remplacer les anciens avant que de les démolir, & qu'il fait ufage, autant qu'il eft poffible, des anciens matériaux.

Telle doit être la conduite d'un auteur fenfé qui projette; il doit dans fon ouvrage s'imaginer être lui-même le fouverain, faire un plan général de fon fiftême, entrer dans les détails de l'exécution de chaque partie, les traiter de maniere que quoique ces parties foient enchaînées les unes aux autres, elles puiffent cependant être mifes féparément à exécution, marquer les tems & les circonftances où elles doivent être mifes en œuvre, obferver une certaine gradation ou ordre pour l'établiffement des premieres, & de celles qui doivent venir à la fuite, afin qu'elles puiffent fe prêter des fecours mutuels à mefure qu'elles recevront leur exiftence. Tel eft l'ordre & le plan qu'on fe propofe d'obferver invariablement dans cet ouvrage. On commencera dabord par développer les caufes qui s'oppofent au bonheur des peuples ; après en avoir cherché l'origine & s'être affuré de l'avoir rencontrée, on paffera aux remedes ; pour cet effet on traitera dabord des moyens d'augmenter la population & de recruter les peuples de la campagne : mais comme le principal moyen pour parvenir à ce but eft de rendre leur condition plus douce & d'empêcher par là qu'ils ne cherchent à en changer, & à ambitionner le fejour des villes,

on propofera des réglemens pour tous les
ouvriers & gens de métier des villes, pour
le foulagement des pauvres de tous états;
& en établiffant des maifons d'affociation
tant pour les villes que pour les campagnes, il en réfultera plufieurs bons effets,
entre autres l'amélioration des terreins vagues, le foulagement des impôts, & par
une fuite néceffaire, l'aifance générale de
tout le peuple, qui eft à mon avis le véritable fecret pour opérer en fort peu de
tems une population très nombreufe. Le
bonheur du peuple étant ainfi ébauché, il
ne fera plus queftion que d'entretenir les
chofes dans cet état, & même de les améliorer.

Pour lors on propofera dans les parties
fuivantes de cet ouvrage l'établiffement
d'une compagnie générale d'agriculture, on
en fera voir le plan, les fonctions, & l'u-
tilité dont elle fera pour l'Etat en général
& en particulier pour tous fes membres.
Lorfque cette compagnie dont les membres feront difperfés par tout le royaume
travaillera fans relâche à donner une face
nouvelle à l'agriculture, on en établira
encore deux autres non moins utiles; l'u-
ne qui fera chargée du foin & de la manu-
tention de toutes les manufactures du royaume, & l'autre du commerce en gros
tant intérieur qu'extérieur, & du tranfport
des denrées & des marchandifes, foit par
terre, foit fur les rivieres & canaux, foit
par mer. Ces trois compagnies feront in-

dépendantes les unes des autres , & travailleront fans pouvoir prétendre à aucun
privilege exclufif , afin de ne gêner en
rien la liberté des fujets. Elles auront chacune des réglemens & des ftatuts différens , felon la nature des objets qu'elles
doivent embraffer. Toutes les trois dépen-
dront abfolument du roi fous la protection
duquel elles feront leurs opérations. Les
intérêts de ces compagnies fe réuniront
pourtant d'une maniere indirecte , & con-
courront au bien général de l'Etat , encore
plus qu'à l'intérêt particulier de leurs membres , parce qu'il leur fera impoffible de
travailler à l'un fans faire l'autre en même
tems.

Les loix que nous propoferons pour en
ferrer les nœuds, affureront les fondemens
d'une monarchie auffi durable que le monde. Pour être bien convaincu de la folidité
des raifonnemens , on prie inftamment le
lecteur de lire fans impatience chaque partie de l'ouvrage féparément , après quoi
revenant fur fes pas pour les comparer &
les combiner enfemble , il s'affurera fi elles ont entre elles tous les rapports qui font
néceffaires pour former un tout tel qu'on
le defire pour parvenir au but qu'on fe
propofe qui eft le bonheur du peuple.

Avant que d'entrer en matiere , qu'il
nous foit permis d'expofer ici en peu de
mots quels font les rapports qui doivent fe
rencontrer effentiellement entre les parties
principales du gouvernement; enfuite nous

jetterons un coup d'œil fur l'état actuel de l'adminiſtration, & après en avoir reconnu les défauts principaux & les choſes qui ont abſolument beſoin d'une réforme, nous paſſerons aux moyens d'y remédier. Cette marche nous a paru d'autant plus néceſſaire que dans un ouvrage auſſi vaſte que celui que nous avons entrepris, on ne doit procéder qu'avec beaucoup d'ordre.

CHAPITRE III.

Quels rapports il doit y avoir entre les parties eſſentielles du gouvernement ?

L'agriculture, les arts mécaniques, le commerce intérieur & extérieur, la finance, la population, les forces de terre & de mer, ſont les véritables objets qui doivent fixer toute l'attention du gouvernement.

Un Etat quelconque ne peut être porté à ſon plus haut degré de force, que quand ſes terres ſeront dans leur plus grand rapport, que l'induſtrie des peuples ſera miſe en valeur, que ſon commerce ſera étendu, ſes finances bien conduites, la puiſſance du ſouverain bien affermie par ſes armées de terre & de mer, & la population brillante. Toutes ces différentes parties ſe ſoutiennent réciproquement & ſont comme autant de reſſorts qui font mouvoir la machine politique.

L'agriculture influe fur toutes les conditions de la vie en proportion de fes progrès plus ou moins grands. Le commerce du dedans & celui du dehors reçoivent une atteinte mortelle, dès qu'elle eft négligée: car alors il y a moins de denrées, moins de mouvement pour vendre & acheter. La difette de vivres porte à la population des coups auffi funeftes qu'au commerce. Les forces de terre & de mer en fouffrent auffi à proportion. Enfin l'on peut dire avec juftice que l'agriculture eft la baze & le premier fondement des objets les plus précieux qui intéreffent le gouvernement.

Le moindre dérangement arrive-t-il dans la finance par le trop ou le trop peu d'efpeces monnoyées, pour faciliter les échanges dans le commerce, on voit auffitôt arrêter les progrès de l'agriculture, des arts & du commerce. La trop grande rareté des efpeces ajoute à la valeur de chaque denrée ou marchandife, un prix qui leur ôte la facilité du débit ; de même auffi quand la quantité de monnoye furpaffe la jufte proportion qu'elle doit avoir relativement au commerce, elle affoiblit les richeffes de l'Etat, furtout quand ces richeffes n'ont pas leur fource dans ces métaux précieux qui excitent la cupidité des peuples. Dans le premier cas la difficulté des paiemens augmente, la confommation diminue, & le commerce en proportion. Cette efpece d'inaction influe fur la culture des terres, chasse du pays les citoyens qui, n'y trouvant plus suffisamment de quoi travailler, vont chercher de l'occupation ailleurs ; elle en fait périr un grand nombre de faim & de misere, attendu la cherté des denrées & des vêtemens ; enfin le Prince se trouve alors hors d'état d'entretenir un nombre de troupes suffisant pour défendre son royaume.

Dans le second cas, c'est-à-dire quand les especes monnoyées sont trop communes, le citoyen ainsi que l'étranger tentent d'y introduire des fabriques & des denrées étrangeres, qui font tomber le prix de celles de la nation, jettent les peuples dans l'oisiveté, le luxe, le libertinage & la debauche, jusqu'à ce que les peuples voisins ayent attiré à eux cette monnoye superflue. Il faut donc entretenir à cet égard une balance à peu près égale dans l'Etat : car pour peu qu'elle soit prépondérante d'un côté ou de l'autre, l'agriculture, le commerce, les forces maritimes & celles de terre en souffrent, & par contrecoup la population éprouve nécessairement un déchet.

Mais de tous les maux dont un Etat peut être affligé, la dépopulation est le plus grand. On ne peut rien faire, rien entreprendre d'important dans un royaume, s'il n'est peuplé jusqu'à un certain point ; & il ne peut jamais l'être trop. Un Etat bien fourni de sujets peut tout espérer de son salut, quelque critique que soit d'ailleurs sa situation. Au contraire quand la population est

une

une fois affoiblie, il faut des foins infinis & un tems confidérable pour la relever. Et elle fe trouve toujours dans ce cas, lorf- que les hommes négligent les occupations qui ont pour objet la culture des terres, les arts méchaniques & le commerce, qui font pourtant les feuls moyens de remédier à un fi grand mal.

Les forces de terre & de mer dépendent auffi de la population & des richeffes d'une nation. Ce font les deux pivots fur lefquels porte tout l'édifice de l'Etat. Les troupes de terre affurent les frontieres, les forces maritimes protegent le commerce; les unes & les autres fe donnent mutuellement des fecours au befoin. Il eft donc de la pru- dence du légiflateur de ne négliger aucun de ces deux objets importants & de les faire fleurir également.

Si nous comparons l'état où font actuel- lement les chofes avec celui dans lequel elles devroient être pour rendre les peu- ples heureux, il n'eft pas douteux que nous trouverons bien des articles qui mé- ritent d'être réformés. Il ne faut pas en être furpris: le fiftême que l'on a embraffé dès le commencement dans toutes les par- ties du gouvernement, pouvoit être ex- cellent d'abord, vu l'état où fe trouvoit le royaume lorfque les réglemens qui fubfis- tent ont été formés; mais comme tout le monde fait, les loix les plus fages font re- latives aux tems où on les a établies, & aux circonftances où fe trouvoient les peuples à qui on en ordonnoit l'exécution. Sitôt que les tems font changés, ou que d'autres circonftances ont fuccédé aux premieres, il n'eft pas étonnant que ces loix, toutes excellentes qu'elles étoient, deviennent infuffifantes & même quelquefois préjudiciables. C'eft fans doute la caufe des défauts que l'on remarque actuellement dans l'adminiftration générale de l'Etat: car on en trouve dans toutes les parties du gouvernement. D'ailleurs un prince, en adoptant des maximes & des regles de politique pour la conduite de fon royaume, ne fe lie pas tellement à les fuivre, qu'il ne foit prêt à en embraffer d'autres toutes différentes, dès qu'on lui en indiquera de meilleures. Non fans doute: chacun fait que ce n'eft que par des degrés fouvent infenfibles, que l'on avance vers la perfection en toute chofe. Outre cela fouvent il arrive que les abus fe gliffent peu-à-peu malgré tous les foins qu'on peut prendre pour les éviter. En-vain les loix feront-elles fages, fi par négligence ou autrement on ne tient pas la main à leur obfervation. Je crois que c'eft là précifément la caufe véritable qui fait que les meilleurs établiffemens ont fouvent befoin de réforme. Quoi qu'il en foit, parcourons en peu de mots les grandes parties de l'adminiftration d'un Etat, & voyons fur-tout relativement à la France, quels font les principaux points que l'on doit réformer. Enfuite nous entamerons notre objet, & nous tâcherons d'indiquer les moyens de remédier au mal.

* * *

CHAPITRE IV.

Des défauts de la politique actuelle par rapport à l'agriculture.

L'agriculture est le premier des arts & le soutien de tous les autres, puisque c'est elle qui fournit au peuple les denrées de premiere nécessité ; ainsi le premier soin d'un législateur doit être de l'encourager, & même de l'appuyer de toute sa puissance.

Quoique la France renferme environ vingt millions (*) d'habitans dans son sein, & que l'étendue de ses terres surpasse de beaucoup celle qu'il faudroit pour en nourrir quatre fois autant, si elles étoient mises en valeur, à peine peut-elle dans les années d'abondance fournir à sa consommation ordinaire, parce que ses terres sont mal cultivées & qu'il y en a quantité qui restent en friche. Aussi sommes nous obligés tous les ans de tirer des bleds de Barbarie, de Sicile, d'Angleterre, & de Pologne. Ce seul défaut fait sortir tous les ans du royaume un argent immense ; & lorsque nous sommes en guerre nous sommes exposés à essuyer une famine, parce

(*) Il n'y en a guere plus de dix-sept millions.

qu'alors la navigation est interrompue &
que l'agriculture est toujours inquiétée.

Il faut donc qu'il y ait dans l'administration des affaires quelques vices considérables pour occasionner un si grand mal. Le
principal est que cette partie si utile & si
essentielle au bien de l'État, est négligée,
qu'on l'abandonne à des hommes grossiers
& ignorans qui n'ont d'autre talent qu'une
routine qu'ils tiennent de leurs peres aussi
ignorans qu'eux. En effet nous voyons
que chacun est à peu près le maître de son
champ ; il l'arrange & le cultive comme
bon lui semble, sans autre regle que son
caprice. Aussi voit-on souvent les campagnes changer de face; les denrées de premiere nécessité font le plus souvent place
à d'autres qui ne font que de seconde ou
même de troisieme nécessité, mais qui font
d'un meilleur produit, ou d'un plus grand
débit dans le lieu ; cependant cet usage est
vicieux, car si le pays produit assez de
grain pour sa consommation, & que par
cette raison on néglige d'en cultiver davantage le pays voisin qui en manque s'en
trouvera frustré ; la même chose arrivera
de loin en loin, & à la fin produira un mal:
Au lieu que si on consultoit le bien général
de l'État plutôt que l'intérêt particulier,
on agiroit souvent d'une maniere toute différente ; & tel pays dont le terrein est propre à produire le bled, en devroit cultiver de surcroît pour en fournir aux provinces qui en manquent, & dont le sol

n'eft pas favorable à la culture de cette denrée. Outre l'intérêt particulier ce défaut vient quelquefois auffi de ce que les payfans ne favent pas tirer de leur terre tout l'avantage qu'elle pourroit leur procurer, faute de foin, de culture, & d'intelligence; ou même fouvent de ce que les propriétaires ne font pas en état par euxmêmes de faire les avances néceffaires pour améliorer leur terrein, quoiqu'ils en fachent bien la méthode. Comment s'y prendre pour obvier à de pareils inconvéniens? Tant qu'on ne fuivra pas un fiftême général d'agriculture, que chaque terrein ne fera pas confacré à une certaine efpece de production, & qu'il n'y aura pas des perfonnes chargées par état de veiller continuellement à faire obferver les loix qu'il conviendroit d'établir fur cette matiere, les chofes refteront dans la fituation où nous les voyons. Le royaume offre de toutes parts des terrains vagues & incultes, dont une grande quantité n'a jamais été défrichée. S'il y avoit dans l'Etat un corps qui fût chargé de l'adminiftration des terres & de leur culture, ces terreins refteroient-ils dans un pareil délabrement? Non fans doute ; le prince feroit dans ce cas en droit de punir les adminiftrateurs s'ils étoient négligens, & de s'en prendre à eux-mêmes. Mais actuellement à qui pourroit-il en demander compte?

Il y a dans le royaume quantité de terres féches qui reftent en friche, ou font d'un

rapport ſi foible qu'elles ne produiſent pas
aſſez pour dédommager le laboureur de
ſes dépenſes & lui fournir ſa nourriture.
Cependant ſi elles étoient arroſées, elles
ſeroient fertiles & donneroient des grains
en abondance. Les propriétaires ne de-
manderoient pas mieux que de voir ces
terres en valeur. Ils ſeroient diſpoſés à
faire les propoſitions les plus avantageuſes
à quiconque voudroit avancer des fonds
pour faire ceſſer cette ſtérilité. A qui
peuvent-ils s'addreſſer pour cela? La plûpart ſont éloignés les uns des autres &
n'ont aucune liaiſon enſemble. Qui eſt ce
qui les réunira pour les faire concourir à
quelque arrangement général?

Certaines provinces abondent dans une
eſpece de denrées particulieres dont d'autres ſont entiérement privées; chacune
d'elles ſeroit heureuſe & à ſon aiſe, ſi elles pouvoient échanger mutuellement leur
ſuperflu. Mais les frais de voiture par
terre ſont ſi conſidérables qu'il y auroit de
la perte à les tranſporter; ainſi chacune
manque, le commerce ne ſe fait point, &
les denrées périſſent faute de conſommation. Il y auroit un moyen de diminuer
les frais de tranſport, ce ſeroit de pratiquer des canaux de navigation d'une rivie-
re à l'autre & de rendre navigables quantité de petites rivieres qui ne le ſont pas.
Cela faciliteroit l'échange des denrées
d'une province à l'autre, & fourniroit à
la capitale quantité de marchandiſes qui

n'y parviennent pas ou qui y font d'un prix exorbitant. Les peuples trouveroient en cela de grands avantages ; mais à qui s'addreſſera-t-on pour cela?

Le prince preſſé par des circonſtances fâcheuſes eſt ſouvent obligé de lever des milices : ces levées forcées ſe faiſant principalement ſur les campagnes, en alarment les habitans, & les font déſerter pour s'aller refugier ailleurs ; ils quittent ainſi l'agriculture pour devenir artiſans, domeſtiques, & être moins expoſés à ſubir ce ſort qu'ils regardent comme le plus grand malheur.

Eſt-on en guerre, les recrues ſe font avec peine, les régimens ne ſont preſque jamais complets, & l'Etat ſe trouve dans un danger imminent, faute de troupes pour le défendre & de bras pour cultiver les terres. Quels remedes employe-t-on pour rémédier à ces inconvéniens? Les loix & les maximes qu'on a adoptées, vont donc directement contre les intérêts de l'Etat.

Le Roi entretient en pleine paix plus de 150000 hommes à ſa ſolde pour garder ſes frontieres. Ce ſont autant de bras enlevés à l'agriculture & aux arts ; & dont l'inaction fait perdre à l'Etat plus de 50 ou 60 millions. N'y auroit-il pas des moyens de garder les frontieres avec un égal nombre de troupes ſans diminuer celui des artiſans & des laboureurs?

En agriculture ainſi que dans les arts méchaniques, trop de diſette & trop d'abondance font également préjudiciables. Le premier cas met tous les peuples dans la confternation ; le fecond en aviliffant le prix des denrées occafionne du relâchement dans le travail des cultivateurs & des artifans ; d'où il arrive que la plus grande partie du petit peuple néglige de travailler & fe livre au libertinage & à la debauche ; c'eft un mal dont il ne fe releve que très difficilement quand une fois il s'y eft adonné. Qui eft-ce qui pourra mettre entre ces deux extrêmes un jufte milieu & entretenir une balance toujours égale ?

La conftitution actuelle de l'Etat fe refufe à une réforme fi avantageufe. Il faut pour y parvenir, employer d'autres agens, & imaginer un fiftême nouveau & général qui puiffe embraffer la totalité des objets. Il manque donc à l'Etat une piece fondamentale relativement à la culture des terres.

❋❋❋❋❋❋❋❋❋❋❋❋❋❋❋❋❋❋❋❋❋❋❋

CHAPITRE V.

Des défauts qui fe préfentent par rapport au commerce tant intérieur qu'extérieur.

Un des premiers objets qu'il faut fe propofer dans le commerce tant intérieur qu'extérieur d'un Etat, c'eft d'occuper tous les citoyens utiles à l'agriculture & aux arts méchaniques, & de faire naftre

par leurs travaux & par leur induſtrie l'a-
bondance de toutes les denrées & marchandiſes dans le royaume. Par une ſuite
fâcheuſe de notre politique actuelle beaucoup de gens ſont ſans occupation. Les
villes, les villages & les grandes routes
ſont parſemées de pauvres qui demandent
l'aumone. On voit un grand nombre de
bons ouvriers qui cherchent de l'ouvrage,
& qui faute d'en trouver ici paſſent dans
les pays étrangers pour y chercher leur
ſubſiſtance. La faim & la miſere en font
périr une partie, faute de pouvoir être occupés utilement. Il réſulte de tout cela,
que le prix des denrées augmente à proportion, ainſi que celui des ouvrages de
nos manufactures.

Les artiſans & les marchands ſont en trop
grand nombre eu égard aux gens qui s'occupent à la culture des terres & à ceux qui
achetent & conſomment les marchandiſes
des fabriques différentes. Auſſi les marchands pour ſe ſoutenir ſont obligés de
vendre cher, & font la loi à tout le monde. Il n'y a nulle police, nul corps à cet
égard qui ſoit chargé de maintenir les choſes ſur le pied où elles devroient être pour
l'avantage du commerce. Si les marchands
étoient moins nombreux, ils feroient plus
d'affaires, & gagneroient davantage même
en ſe relâchant de beaucoup ſur le prix.
La conſommation deviendroit plus forte,
& nous aurions plus de bras employés. Les
arts ſont aſſez nombreux pour fournir de

l'occupation à tout le monde. Au lieu qu'actuellement les artifans fe nuifent réciproquement & ne peuvent pas vivre. Le gouvernement ne devroit jamais perdre de vue qu'il eft important pour l'Etat de multiplier les manufactures, afin de faire tomber celles de nos voifins ; c'eft ce à quoi on ne parviendra jamais qu'en fourniffant les marchandifes à meilleur compte qu'eux. Cet objet embraffe quantité de vues , & fuppofe 1°. une grande abondance dans les denrées de premiere néceffité, 2°. un ordre & une difcipline exacte par rapport à la nourriture, le vêtement & le falaire des ouvriers, afin qu'ils puiffent travailler à un prix plus raifonnable. Mais qui eft-ce qui voudra fe livrer à faire toutes ces combinaifons ? Qui eft-ce qui fe chargera de tenir un régiftre exact du prix des denrées, des falaires & des ouvrages chez nos voifins , & s'occupera à faire dans l'Etat des arrangemens qui font effentiels pour nous mettre au deffus d'eux ? Dès que ces arrangemens tiennent à tous les grands objets, à l'agriculture, aux finances, au commerce & à la population, c'eft au gounement à y veiller. Au contraire nous voyons des fociétés de marchands qui introduifent continuellement en France des marchandifes de fabrique étrangere qui font un tort prodigieux à nos manufactures. Chaque commerçant en particulier s'efforce d'en faire autant de fon côté parce qu'il y trouve mieux fon compte. Les entrepreneurs qui ont des privileges pour les manufactures fe jaloufent les uns les autres, ils s'oppofent à ce qu'il s'en établiffe de nouvelles ; ils cherchent à fe détruire réciproquement, & s'enlevent les ouvriers en leur donnant de plus forts falaires : ce qui augmente néceffairement le prix de leurs ouvrages ; & par une conduite auffi préjudiciable aux manufactures qu'aux ouvriers même, on fouffre que ces derniers fe voyant recherchés & furs de gagner beaucoup, travaillent peu & s'addonnent au libertinage. Il eft donc vrai de dire que le commerce tant intérieur qu'extérieur manque fon but, & n'eft pas au point où il devroit être.

CHAPITRE VI.

Des défauts du gouvernement par rapport aux finances.

Les finances d'un Etat ne font bien adminiftrées que quand le prince perçoit un revenu fuffifant pour faire face aux dépenfes qui deviennent indifpenfables felon les différentes circonftances dans lefquelles il peut fe trouver. Ces revenus doivent être les plus confidérables & les moins à charge au peuple qu'il eft poffible. Les frais de recouvrement doivent être médiocres, afin de ne pas faire fupporter au peuple dans la partie des impôts un furcroît de charge dont l'Etat ne profiteroit pas, & de ne pas occuper à la perception de ces deniers une foule de citoyens qui feroient beaucoup mieux & plus utilement employés à d'autres travaux. Il faut que le prince trouve des reffources pour acquitter les dettes nationales qui portent les plus gros intérêts : car les intérêts font toujours à charge & minent l'Etat par degrés. Il doit encore tâcher de fe procurer des fonds afin de rembourfer peu à peu toutes les charges inutiles que le malheur des circonftances a forcé de créer en différens temps, & dont les appointemens confomment une bonne partie de fes revenus. Enfin il eft très important de retirer les biens de fon domaine qui fe trouvent entre les mains des Engagiftes.

Si quelques occafions critiques l'obligent de recourir à la voye des emprunts, il faut du moins que l'intérêt des fommes prêtées ne foient point à charge à l'Etat. Quand il eft forcé de faire quelque dépenfe confidérable, il feroit à propos que le gain qu'on a coutume de faire avec lui tournât au profit de l'Etat, & non à celui d'un petit nombre de particuliers qui ne font point l'Etat; car il eft fenfible qu'un royaume ne peut que s'affoiblir de plus en plus, tant que l'Etat en général fera toutes les dépenfes, & que jamais il ne participera à aucun bénéfice. Un pareil fiftême tendra toujours à le ruiner pour enrichir quelques citoyens particuliers. Ce n'eft qu'entre les mains de tout le peuple que l'argent peut être d'un bon rapport pour l'Etat ; mais dans celles des fimples particuliers, il ne fert qu'à entretenir leur fafte aux dépens du corps de la nation. Tant qu'on perdra de vue cette maxime, un royaume ne peut pas être floriflant ; le prince ne fera jamais très puiflant, ni fes peuples heureux. Pourquoi la France eft-elle dans la fituation où nous la voyons actuellement ? Il y a à peu près autant d'efpeces monnoyées qu'il y en avoit auparavant la derniere guerre ; peut-être même y en a-t-il plus : mais l'argent eft paflé entre les mains d'un petit nombre de gens qui en font un commerce ufuraire ; plus ces perfonnes l'accumulent, plus il devient rare & plus ils en tirent de gros intérêts. Les denrées de premiere néceflité ont augmenté de prix, & il faut plus d'argent pour fournir au commerce. Ainfi l'argent de l'Etat n'a pas circulé également & n'eft point retourné à l'Etat. Suppofons qu'il y ait dans le royaume vingt millions d'habitans, & qu'il faille tous les jours à chacun pour fa nourriture cinq quarterons de pain, qu'il paye fur le pied de trois fols la livre, comme on l'a vu il n'y a pas bien longtems, au lieu de dix huit déniers qu'il a valu avant la précédente guerre ; ce furcroît de prix de 18 déniers par livre fait par an fur la totalité du peuple un objet de 676 millions employés de plus pour le feul article du pain. C'eſt autant de retranché ſur le commerce de ſeconde & moindre néceſſité. Ce défaut de denrées abſorbe & donne de la rareté aux eſpeces circulantes, & fait languir tous les autres commerces. Il eſt donc conſtant que le gouvernement actuel eſt défectueux dans cette partie, que le Roi n'a pas dans ſon royaume aſſez de monnoyes ni de fonds pour ſuffire aux dépenſes qu'exigent les différentes circonſtances, ainſi que pour diminuer & éteindre les charges de l'Etat. Les intérêts qu'il paye, les appointemens des charges, les frais de recouvrement des impôts le minent; & enfin les dépenſes que fait l'Etat ne tournant pas à ſon profit, la circulation des eſpeces eſt interrompue. On peut donc aſſurer que la partie de la finance a autant beſoin d'être réformée que celle de l'agriculture & du commerce.

CHAPITRE VII.

Des forces de terre & de mer.

Quoique le gouvernement ſemble avoir épuiſé toute ſon attention ſur la partie des troupes : il y a beaucoup d'obſervations à faire à cet égard, relativement au plan du préſent ouvrage.

1°. L'officier & le ſoldat n'ont pas une paye aſſez forte relativement à la cherté des vivres & de l'habillement. La situation actuelle des affaires ne permet guere de l'augmenter. Le soldat mal nourri ne prend pas affez de subsistance pour s'entretenir dans un état de force & de vigueur. Il y en a un grand nombre qui après avoir quitté le service, ne peuvent pas se résoudre à reprendre le travail de la terre, errent en divers lieux, & ne trouvant aucune ressource pour subsister, s'abbandonnent à je ne sais combien de crimes dont la seule misere & l'oisiveté sont les causes. Combien d'officiers après avoir passé une bonne partie de leur vie au service, & avoir dissipé leur patrimoine pour s'y soutenir avec honneur, sont exposés à la fin de leurs jours à éprouver la misere la plus affreuse. L'Etat n'a donc pas de ressources pour nourrir & occuper ces différens ordres de citoyens.

2°. La diminution du commerce maritime laisse quantité de matelots classés sans fonctions, desorte que quand le Roi fait équiper des flottes considérables, on est obligé d'en prendre à bord qui jamais n'ont vu la mer. Le métier de matelot demande bien plus d'étude & de tems que celui de soldat; deux ans suffisent pour former le dernier, au lieu que dix années ne font pas un terme trop long pour les premiers. D'ailleurs la paye des matelots n'est pas affez forte.

3°. La construction des vaisseaux, barques, & autres sortes de navires n'est point non plus portée à un point à pouvoir faire ces entreprises au meilleur marché, avec le plus de perfection & de solidité. Les charpentiers entrepreneurs & les ouvriers n'ont rien qui les engage à se surpasser, par principe d'intérêt & d'émulation. Tout se construit avec des dépenses exorbitantes, qui loin de favoriser le commerce, le retardent, sans que pour cela les ouvriers soient plus heureux, après avoir longtems exercé leur profession. La difficulté de se procurer les matériaux nécessaires & sur-tout les bois de construction, fait que nous sommes obligés d'avoir recours aux étrangers. Mais si la navigation de nos rivieres étoit pratiquable jusque dans les gorges des montagnes, comme il seroit facile de le faire, on tireroit de ces endroits une grande abondance de bois beaucoup meilleurs que ceux que nous achetons des étrangers. Une pareille méthode procureroit deux grands avantages à la fois, on épargneroit beaucoup d'argent, & on mettroit en valeur ces pays qui sont déserts & inhabités. La marine en recevroit un bien considérable, ainsi que l'Etat pour la construction des bâtimens civils. Le gouvernement actuel manque donc de police, & de ressource relativement à la culture des terres, au commerce intérieur & extérieur du royaume, aux finances & aux forces de terre & de mer. Ce sont pourtant des parties dans lesquelles réside toute la puissance du gouvernement économique de l'Etat.   CHA-

CHAPITRE VIII.

Défaut du Gouvernement par rapport à la Population.

Toutes les forces d'un Etat dont on a parlé ci-deſſus, ſont encore inſuffiſantes pour produire les heureux effets qu'on en attend, ſi la population n'eſt pas nombreuſe. Cet objet, étant en quelque façon le fondement de tous les autres, mérite la plus ſérieuſe attention. C'eſt pourtant celui qui paroît être le plus négligé en France. Il n'y a perſonne qui ſoit ſpécialement chargé d'y veiller. Point de ſiſtême reçu & ſuivi pour favoriſer les ſociétés conjugales, ni pour prêter des ſecours aux familles nombreuſes pour l'éducation de leurs enfans, d'une maniere proportionnée à leur état & à leurs talens.

Tout paroît au contraire concourir à s'y oppoſer. On ne veut point de gens mariés dans les troupes; preſque tous les domeſtiques ſont libres, & ceux d'entre eux qui ſont mariés ſont le plus ſouvent obligés de le cacher pour n'être point chaſſés de leurs maiſons.

Aucun établiſſement n'a en vue le bien public de la population. La maniere même dont on éleve les enfans, loin de les former à remplir l'état dans lequel ils ſont nés, & de cultiver leurs talens, les en éloigne, & ne fait qu'exciter chez eux l'ambition, l'orgueil, la vanité, & le dé-goût pour tout travail gênant.

La cherté des denrées, les impositions trop fortes, les terres negligées, le commerce intérieur & extérieur mal dirigés, le luxe & le faste excessifs, jettent les peuples dans un découragement tel qu'ils craignent d'augmenter le nombre des citoyens en augmentant celui de leurs enfans, dans l'impossibilité où ils se trouvent de gagner par leur travail de quoi les élever & les nourrir. Les grandes villes, les communautés religieuses, l'état militaire, celui de la marine sont autant de précipices qui engloutissent l'espece humaine & ne lui permettent pas de se perpétuer.

Il faut donc un sistême général combiné exprès pour encourager la population, & remédier à tous les maux qui lui opposent actuellement un obstacle invincible : car dans le sistême actuel la population est sans force, sans appui, & abandonnée absolument aux loix du hazard.

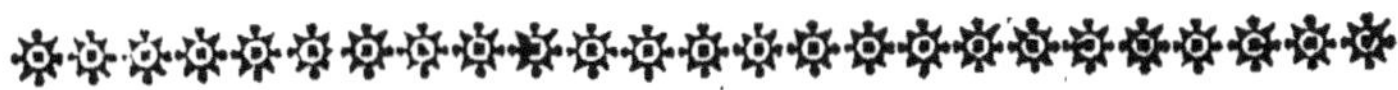

CHAPITRE IX.

Récapitulation de tous les articles précédens.

Nous avons remarqué précédemment la nécessité d'employer d'autres agens que ceux qui sont en usage; de veiller avec soin sur les biens de campagne & déterminer

chaque nature de terrein à l'espece de production à laquelle elle est propre relativement au commerce & à l'usage des peuples ; de mettre en pleine valeur les terreins vagues & incultes qui ne produisent
rien ; de faire communiquer les rivieres
afin de transporter les productions de la
terre d'une province dans une autre ; de
pratiquer par-tout des canaux pour arroser
les terres dans tous les cantons du royaume ; d'empêcher le peuple d'abandonner
les campagnes ; de n'avoir en tems de
paix aucun corps de troupes qui put donner atteinte à l'agriculture & aux arts ; de
mettre le roi en état de faire face à tout
avec son revenu ; de diminuer les frais de
recouvrement dans la perception des deniers royaux ; d'acquitter peu à peu les dettes
de la nation ; de faire de tems à autre le rem-
boursement de toutes les charges, de ne
point payer d'intérêt pour les sommes em-
pruntées ; de faire en sorte que les fonds
de l'Etat retournent à l'Etat par la voye de
la circulation ; de ne laisser autant qu'il est
possible aucun citoyen sans occupation, de
diminuer le prix des denrées & des marchandises du produit de nos manufactures ;
de faire tomber les manufactures de nos
voisins ; d'empêcher celles des étrangers
d'entrer dans le royaume ; d'augmenter nos
colonies & d'en former de nouvelles ; de
rétablir la marine dans toutes ses parties ;
d'assurer les vaisseaux ; de faire de grandes
entreprises utiles à l'Etat ; & surtout de veil-

ler fans relâche à former une population nombreufe.

Tels font les principaux objets qu'il y au-roit à remplir pour mettre la France en for-ces. Il eft plus que prouvé que l'état actuel du gouvernement ne permet pas feulement d'y fonger, tant il a peu de reffources, tant la police eft limitée & reftreinte à de pe-tits objets !

Tels font auffi les objets que nous nous propofons d'embraffer. Une réforme auffi gé-nérale ne peut jamais s'exécuter fans faire de grands changemens. Mais ces change-mens s'opéreront fucceffivement de manie-re que chaque établiffement nouveau fraye-ra le chemin au fuivant & lui fervira de degré. C'eft ce que nous allons dévelop-per dans le cours de cet ouvrage : nous par-lerons d'abord des moyens d'augmenter la population & de recruter les peuples de la campagne.

LIVRE SECOND.

Moyens généraux de recruter les peuples de la campagne.

CHAPITRE I.

Du Luxe considéré par rapport à la Population.

La véritable source de la puissance & de la richesse d'un Etat, réside dans sa population nombreuse ; & l'on peut avancer qu'en général les peuples ne peuvent par vivre heureux à moins qu'ils ne s'occupent des choses nécessaires pour le bien universel de la société, conformément au génie, aux talens & aux dispositions de chaque individu en particulier. Il est donc de l'intérêt & de la bonne politique du gouvernement de porter ses vues sur un objet aussi essentiel, qui reflue plus ou moins sur l'aisance & la richesse d'un Etat.

Tous les politiques semblent s'accorder à dire que le luxe est une des principales causes qui nuisent à la population. Cette proposition quoique fausse dans sa généralité est exactement vraie à partir du système actuel de notre gouvernement. Car il est certain que, tant que les campagnes seront négligées, & que l'agriculture ne sera point portée au plus hant degré de perfection où elle peut atteindre, le luxe portera un grand préjudice à la propagation humaine. Si actuellement il est nuisible à la France, c'est par la raison que la plûpart de nos terres sont restées sans culture, ou ne sont par suffisamment cultivées ; mais ce n'est pas une suite nécessaire du luxe. En effet on ne peut s'empêcher de convenir que le luxe seroit d'un puissant secours pour l'Etat & pour les peuples, si toutes les terres que nous possédons, étoient portées à leur plus grande valeur : car quoiqu'en puissent dire de célebres auteurs, fort estimables d'ailleurs, mais qui déclament perpétuellement contre le luxe, c'est lui qui fait fleurir le commerce ; les arts qui en font la base, donnent de l'occupation à une infinité de bras, qui sans le luxe seroient oisifs, & peut-être même nuisibles dans un Etat. Le goût du luxe augmente nos desirs & nos besoins ; par là il excite l'ambition, & est le moteur principal des actions humaines. Sans lui les esprits languiroient dans une espece d'engourdissement, & perdant leur activité, ils ne seroient d'aucun avantage pour le bien de la société. En effet, qu'est-ce qui constitue le vrai bonheur des hommes ? Est-ce de posséder des richesses immenses ? Est-ce de vivre dans le plus haut degré de prééminence, & d'avoir la supérioté sur une infinité de peuples ? Crœsus & Alexandre eussent donc été les mortels les plus heureux de leur siecle ; cependant l'histoire nous apprend le contraire.

Non, les hommes ne font heureux ou ne s'eftiment tels, qu'autant qu'ils trouvent dans le cours de leur vie un goût véritable pour le travail, foit du corps ou de l'efprit. Rien ne nous flatte tant que de voir le fruit de nos travaux. Il n'y a qu'un pareil amufement qui ait le pouvoir de diffiper, ou d'écarter les reflexions défagréables & les méditations triftes, que tout homme raifonnable ne peut s'empêcher de faire fur le fort de l'humanité. Rien n'eft plus capable d'occuper les hommes frivoles que le luxe. Je confidere ces fortes de gens comme de petits enfans, qui jouent fans ceffe avec un hochet. Il y en a pour tous les âges; & ceux des perfonnes raifonnables qui font la matiere du luxe, ne font d'un grand prix, que par un effet du préjugé, & du goût général, qui adopte certains objets préférablement à d'autres, en raifon de leur rareté, ou du feul caprice. Voilà ce qui fait réellement en partie la folie des hommes.

Mais tel eft le propre de l'humanité: il n'y auroit pas plus de raifon à vouloir réformer les paffions de l'homme, les éteindre ou même les affoiblir, que lui retrancher quelques membres, ou en raccourcir d'autres, parce qu'ils n'auroient pas une proportion convenable avec le refte du corps. L'homme fans paffions cefferoit d'être homme, c'eft-à-dire qu'il feroit difforme, & manqueroit d'une de fes parties effentielles. Ce font les paffions qui le font agir,

& il n'agit presque jamais que par leur mouvement. On en diftingue de bonnes & de vicieufes ; je dis bonnes & vicieufes pour me conformer à l'idée du vulgaire : car par elles-mêmes elles font toutes indifférentes. Elles font toutes bonnes, lorfqu'elles fe trouvent modifiées les unes par les autres, & toutes mauvaifes lorfqu'elles ne font pas tempérées par leurs contraires ; qu'elles agiffent à l'excès, alors elles font condamnables fuivant nos mœurs. Mais qui peut s'ériger en réformateur des mœurs d'une nation ? Tant que les vices tiendront en même tems à mille chofes, au préjugé, à l'influence du climat, & à un goût particulier qu'une nation adopte plutôt qu'un autre, fuivant des circonftances phyfiques, cette réformation n'eft point au pouvoir des hommes ; c'eft une pente naturelle qu'on ne peut guere vaincre, & qu'il feroit peut-être même dangereux de corriger par l'art. Il ne faut jamais tenter de pareilles réformes. On fait des efforts infructueux. On en a affez d'exemples dans le grand nombre des loix fomptuaires que nos Rois ont faites en différens tems, elles n'ont jamais eu une entiere exécution & n'ont fait qu'augmenter le mal qu'elles cherchoient à détruire.

La prohibition d'une chofe en excite de plus en plus le defir, & des loix mal obfervées perdent leur autorité, leur force, leur crédit. Dès que la chofe par elle-même ne fera pas regardée comme honteufe, l'envie de la faire en deviendra encore plus violente, à mesure que les défenses feront multipliées. Tout cela a son principe dans la nature. Il faut, pour détruire cette pente, des efforts contraires de la part de la nature elle-même. Tout l'art de la politique doit donc néceſſairement se prêter à l'infirmité humaine, & agir d'une maniere propre à pouvoir tirer parti des hommes tels qu'ils ſont, plutôt que ſonger à les rendre tels qu'ils devroient être ſuivant certains ſyſtêmes, qui peut-être ne ſont pas mieux combinés avec mille choſes qui ont rapport à la ſociété.

Le luxe eſt de cette nature. En ſuppoſant par impoſſible qu'il pût être totalement retranché ſuivant le deſir de nos auteurs, qu'en réſulteroit-il ? Une infinité de gens reſteroient oiſifs & mourroient de faim ; ne pouvant ſubſiſter que par des moyens illicites, ils s'abandonneroient au crime & feroient plus de tort à la ſociété que le luxe le plus exceſſif ne peut lui en faire. Les perſonnes aiſées, privées de ces amuſemens que la nature chérit, traîneroient une vie triſte & languiſſante. Qu'on imagine une femme du grand air, à qui on aura retranché le ſuperflu de ſon domeſtique, une partie de ſes habits ſomptueux, & ſon équipage doré, pour la réduire à une ſimple voiture toute unie, à deux domeſtiques, à trois habits ſuivant les ſaiſons : rien ne lui paroîtroit ſi cruel. Un jeune Seigneur à qui on ne permettra pas de ſe livrer à ſes fantaiſies, pourroit-il supporter son existence? Il en est de même de tous les autres à proportion. Or il faut que dans la société il se trouve de ces sortes de gens. Leur sottise fait vivre le peuple. Ce sont eux qui font la consommation; voilà ce qui occupe nos artistes; & tout le monde se trouve satisfait.

Il est vrai que la population en souffre; mais en souffriroit-elle moins si les hommes n'avoient point cette passion? Ils en auroient d'autres sans contredit, peut-être plus desavantageuses à l'Etat.

Si les terres d'un pays étoient portées au plus haut degré de culture possible, & que le nombre du peuple se trouvât aussi arrivé à proportion au plus grand degré de multiplication auquel il puisse parvenir, quel parti le prince auroit-il à prendre pour occuper un peuple si nombreux, & arrêter le cours d'une population trop abondante, qui ne trouveroit plus de quoi subsister dans les productions de la terre, parce que toutes les ressources en auroient été développées & épuisées, & qui par conséquent deviendroit à charge à l'Etat & à lui-même? En pareil cas, le luxe seroit un grand bien, puisqu'il remédieroit tout à la fois à deux inconvéniens, l'oisiveté du peuple, & sa trop grande multiplication. Il arrive souvent des circonstances où il faut que le prince imagine des moyens, pour diminuer la trop grande quantité de son peuple. Il me paroît que les anciens n'en avoient que de violens; mais le

Chriſtianiſme en a trouvé de plus doux & plus ſupportables. Je ſerois tenté de croire que ce motif peut bien avoir influé dans l'inſtitution des couvens & des monaſteres. Les fondateurs ont eu ſans-doute la piété pour but en les établiſſant; mais les ſouverains pourroient bien en les approuvant, s'être propoſé pour but d'affoiblir la population.

Nos auteurs modernes rapportent une infinité de faits pour prouver que la population étoit autrefois plus grande & le luxe bien moindre qu'ils ne ſont maintenant; & comme de tout tems on a laiſſé le ſoin de l'agriculture aux peuples groſſiers de la campagne, on s'eſt figuré que la culture des terres étoit parvenue au plus haut degré de perfection dont elle eſt ſuſceptible; qu'elle pouvoit ſuffire à la nourriture des habitans, & que la bonne & ſaine politique vouloit qu'on profitât habilement des moyens capables d'abſorber la trop grande quantité de l'eſpece humaine : c'eſt pourquoi les ſouverains ont toléré l'établiſſement des communautés religieuſes tant d'hommes que de femmes, qui ſont en effet des gouffres, où l'eſpece humaine va ſe perdre & s'enterrer. C'eſt peut-être la même raiſon qui a engagé les princes à tourner leur ambition du côté des conquêtes, plutôt que vers le ſoin d'étendre leur puiſſance dans l'intérieur de leur propres Etats, en procurant à leurs ſujets des moyens de s'aggrandir par les productions naturelles

de leur cru. De là sont venues ces cohor-
tes militaires, qui ont beaucoup contribué
à l'établissement de la puissance des Etats
en même-tems qu'elles ont servi à en étendre les limites.

Chaque peuple a voulu imiter les Ro-
mains, mais du mauvais côté. On a mal
suivi leurs principes, du moins dans les
tems de leur grandeur. Toutes ces fau-
tes n'ont été commises que parce qu'on
n'a pas compris que la véritable puissance
ne tire sa source que de la culture des terres. Ce travail forme les hommes, puisqu'il contribue à leur subsistance : il forti-
fie leur tempérament & leur donne une certaine hardiesse & une noble fierté que n'ont
pas les peuples qui habitent dans les villes,
à cause de la maniere molle dont ils ont
été élevés.

Toutes ces réflexions font autant de vé-
rités constantes que notre expérience &
l'histoire de tout les peuples nous déve-
loppent d'une maniere indubitable. Mais
nos politiques modernes qui ne considerent
que l'Etat présent des choses, ne sentent
pas les difficultés qui existoient alors.
Dans les premiers tems de la monarchie
nos Souverains n'étoient que des chefs entre les mains de qui les peuples avoient
remis le pouvoir suprême de l'Etat, qui
résidoit essentiellement dans la personne
des Princes & des grands Seigneurs qui
vivoient alors. Tous ces petits Souverains
n'étoient que des vasseaux de la couron-

ne, qui cherchoient à se souftraire, tant qu'ils pouvoient, à cette puissance conciliatrice des Rois qui peu-à-peu se sont revêtus du pouvoir suprême, en tâchant de les affoiblir & de les réduire sous le joug les uns après les autres, comme en effet ils en sont venus à bout; mais combien de pieges n'a-t-il pas fallu leur tendre? Combien de ressorts secrets n'a-t-on pas fait jouer? Combien d'intrigues & même de violences, n'a-t-on pas été obligé de mettre en usage? C'est pour cela que la politique de notre gouvernement a attiré dans la capitale toutes ces familles puissantes, afin de les opposer les unes aux autres, de les épuiser par leur faste; pour les abaisser encore plus, on leur a opposé la concurrence de la roture la plus abjecte qui les a précipité dans un luxe affreux, qui a achevé de les ruiner.

Ce n'étoit pas dans ces tems, qui ne sont pas encore bien éloignés, qu'il falloit fonder la puissance souveraine de la monarchie sur l'agriculture & sur le commerce: il étoit bien plus important alors pour nos Rois de se rendre véritablement les maîtres absolus de leurs sujets, avant que de courir après un bien qui n'auroit été encore qu'une pure chimere. Ainsi je pense que c'est bien mal-à-propos que l'on blâme tous les établissemens, qui, en apparence, ont affoibli l'Etat pour augmenter la puissance de nos Rois.

Je conviens que du tems de François I,

ce royaume contenoit peut-être plus d'habitans qu'il n'en renferme aujourd'hui ; mais comme les Seigneurs prefque toujours en guerre, toujours factieux & fouvent rebelles, mettoient continuellement le royaume en division, la France n'étoit encore qu'une très petite puiffance, & nos Rois n'avoient que des corps d'armées bien peu nombreux, en comparaifon de ceux qu'ils mettent fur pied à préfent: car une puiffance n'eft confidérable, qu'autant que toutes fes forces font réunies en un feul tout. C'eft ce à quoi le gouvernement a travaillé depuis plufieurs fiecles. On ne fauroit donc le blâmer juftement d'avoir négligé de porter fes vues fur d'autres objets qui étoient étrangers à ce dont il fe faifoit un point capital. Maintenant que l'Etat eft prefque parvenu au degré de puiffance qu'il s'étoit propofé d'acquérir fur les peuples, il peut s'occuper plus efficacement du foin de les rendre heureux, en mettant à profit tous les moyens les plus avantageux. Comme nos Rois n'ont plus rien à difputer aujourd'hui avec perfonne & que fans préjudicier à leurs droits ni à leur autorité, ils peuvent laiffer augmenter le nombre de leurs fujets, fans faire fur leurs voifins de nouvelles conquêtes, nous avons tout lieu d'efpérer que le gouvernement prendra les mefures les plus convenables & les plus efficaces pour accroître la population & encourager l'agriculture qui eft la fource de toutes les richeffes réelles.

C'eſt donc plutôt aux circonſtances des tems qu'on doit attribuer notre affoibliſſement, qu'à la conduite du gouvernement.

Nos voiſins ont plus ſouvent pris modele ſur nous, que nous n'avons dû chercher à les imiter. Il eſt vrai que la France a attiré les arts de l'Italie, & qu'elle les a perfectionnés. Les autres Etats voiſins ſe ſont modelés ſur la France, eu égard à ce qui pouvoit leur être utile; mais la politique de notre gouvernement, fondée ſur d'autres principes que les leurs, a dû plutôt étudier le génie de la nation, pour s'y conformer, que celui des peuples étrangers; parce que ſouvent ce qui eſt bon dans un pays, eſt mauvais dans un autre; & il ne nous ſeroit peut-être pas avantageux de mettre en pratique les moyens que nos voiſins ont employés pour encourager leur agriculture. D'ailleurs ces moyens qui ont réuſſi chez eux, pourroient bien échouer chez nous non ſeulement parce que ce n'eſt pas le même génie de peuple, mais encore parce que les loix & les préjugés ſont différens là & ici : par exemple, il y a des tempéramens à garder dans un Etat monarchique, qui ne ſont d'aucune importance dans un gouvernement ariſtocratique. Chez nous le point d'honneur, le deſir de la gloire & de parvenir aux dignités, fait le mobile de toutes nos actions, comme l'amour de la liberté fait le caractere de l'Anglois. Par conſéquent il faut conduire ces deux peuples par des maximes tout-à-fait différentes, pour les amener au même but.

Ainsi ce seroit entendre mal les vrais intérêts de la France, que de lui proposer pour modele les maximes des peuples ses voisins. D'un autre côté, comme ces moyens qu'on nous propose, n'ont produit leur effet qu'avec beaucoup de lenteur, il est à croire que les avantages que l'on nous y fait envisager ne sont pas à beaucoup près aussi considerables qu'on le dit.

Il faut chez nous des choses plus actives & qui aillent plus promtement au fait, afin de se conformer davantage à l'esprit vif & impatient du François, qui ne sauroit se prêter à des opérations d'une trop longue haleine. On aime à jouir en France, & il faut que les choses se fassent promtement ou point du tout. Ainsi tout ce qui ne présente qu'une expectative & des espérances éloignées, ne sera jamais du goût général. Les ministres, le Roi même, sont bien aises de voir leurs entreprises parvenir à leur fin, pour avoir la gloire & le plaisir de la réussite.

D'après ces réflexions, nous allons proposer quelques moyens simples & très avantageux, pour porter la population, ainsi que la culture des terres, à une plus grande étendue que nous ne la voyons, en fournissant des recrues aux habitans des campagnes, & en mettant des barrieres capables de retenir ces peuples dans leur classe ou sphere naturelle, & de les obliger à ne pas abandonner la culture des terres.

CHA-

CHAPITRE II.

Que le nombre des cultivateurs est trop petit, proportion gardée avec les autres ordres de l'Etat, & de l'étendue des terres du Royaume.

Que l'on parcoure les histoires de notre monarchie, on trouvera que jamais il n'y a eu si peu d'habitans dans les campagnes, eu égard au grand nombre dont les villes & les bourgs font peuplés. Il ne faut, pour se convaincre de cette vérité, que faire attention que nos villes vont toujours en croissant, sans que pour cela le nombre du peuple du royaume en général en soit augmenté ; preuve certaine que cet accroissement des villes n'est fait qu'aux dépens de la population des campagnes.

On a remarqué que l'introduction du grand luxe en France n'est venue que depuis que nos souverains ont attiré toute la haute noblesse à la cour. Ce luxe a fait fleurir le commerce & les arts au détriment de l'agriculture : car une infinité de gens ont déserté la campagne pour venir habiter les villes : les uns ont embrassé des professions d'artisans ; d'autres ont préféré la servitude chez les grands & les personnes riches, à qui il faut beaucoup plus de domestiques depuis l'introduction du luxe. Autrefois & du tems de nos ancêtres, il y avoit beaucoup moins de gens chez les grands, qui

fussent destinés à servir leur personne ; &
comme presque tous habitoient les campagnes, la plûpart de leurs domestiques,
quand ils en auroient eu un aussi grand
nombre qu'à présent, servoient en même
tems à la culture des champs: ce qui se
pratique encore chez quelques-uns de nos
gentilshommes campagnards, qui font valoir leurs biens par leurs propres mains.
Cette foule de noblesse, d'artisans & de
laquais, ont quitté le séjour de la campagne, pour aller demeurer dans les villes,
qui par ce moyen se font accrues considérablement: & comme l'a observé très judis-
sieusement l'auteur des *intérêts de la France mal-entendus*, le luxe excessif qui regne
dans les grandes villes, produit encore un
autre grand mal ; il est cause que les habitans n'y peuplent pas en proportion suffisante, pour pouvoir se remplacer par eux-
mêmes à mesure qu'il vient à en manquer:
car si la noblesse, le bourgois, l'artisan
& le mercénaire qui habitent dans les villes, pouvoient se remplacer par leurs propres enfans, le mal ne seroit pas à beaucoup près si grand qu'il l'est. Les campagnes conserveroient toujours un grand avantage pour la propagation de l'espece, qui
ne se rencontre pas dans les villes, par la
salubrité de l'air, la bonté des alimens,
& l'utilité de l'exercice & de la simplicité
si avantageuse pour leur santé : ainsi la
campagne auroit peu-à-peu rempli le vuide que cette désertion y auroit faite ; mais

comme au contraire le grand luxe des villes eſt cauſe d'un grand nombre de célibataires qui y demeurent, & d'une eſpece de divorce que font entr'eux les gens mariés, pour n'avoir qu'un petit nombre d'enfans, il arrive delà que ces claſſes ne peuvent ſe fournir d'elles-mêmes, & ſont obligées d'être remplacées par d'autres.

Les financiers ou les riches commerçans achetent des charges dans la robe & dans l'épée, qui les annobliſſent, & ils s'élevent par ce moyen au niveau de la nobleſſe. Pour les recruter, les enfans nés de fort bas étage & dans la boutique de leurs peres, entrent dans la finance, en commençant par les plus petits grades, & parviennent peu-à-peu au faite de la fortune. Les artiſans & les laquais ſont à leur tour recrutés pas les payſans qui viennent des campagnes dans les villes où ils s'établiſſent par la ſuite. Enfin tous ces états ſe remplacent les uns par les autres ; ce ſont comme autant de degrés par où les peuples cultivateurs, paſſent pour s'élever juſqu'au premier rang. On voit les hommes monter perpétuellement de grade en grade, & il eſt bien rare, ou plutôt ils n'arrive preſque jamais de les voir deſcendre par les mêmes grades pour revenir à leur premier état de laboureur. Ils ſe détermineroient à languir & même à périr de miſere, plutôt que de rentrer dans une claſſe inférieure, d'où ils ſont ſortis d'abord. Cette claſſe d'hommes que nous eſtimons groſſiers & ruſtiques, eſt, à proprement parler, le principal appui de la couronne. Par leurs travaux infatigables, ils ſoutiennent la vie, & fourniſſent la ſubſiſtance à tous les autres ordres de l'Etat, & des matieres premieres pour nos fabriques & nos manufactures. Par leur fécondité ils peuplent continuellement nos villes, en remplaçant les vuides occaſionnés par un luxe déſordonné; ils nous donnent des ſoldats & des domeſtiques en quantité.

On croiroit d'après ce détail que cette partie de ſujets eſt la plus nombreuſe, puiſqu'on la retrouve par-tout: au contraire c'eſt celle qui l'eſt le moins, & celle dont on néglige davantage le ſort. Elle recrute toutes les autres & n'eſt jamais recrutée. La police & les loix du royaume s'étendent beaucoup plus ſur toutes les autres conditions, par le rapport plus grand que la proximité met entre les magriſtrats & les villes; mais le ſoin des peuples de la campagne eſt totalement abandonné au hazard & à la ſimple nature. On ne trouve aucun réglement propre pour en perpétuer ou conſerver le nombre; au contraire il **y** a des eſpeces d'uſages qui ont paſſé en force de loix & qui ſont plus propres à opérer la deſtruction de cette claſſe d'hommes qu'à l'augmenter. Telles ſont les levées de milice par ſort, les corvées exorbitantes qu'on leur fait faire pour la réparation des chemins royaux, &c. Ces deux articles feuls ont fait plus de tort à la population des campagnes & à notre agriculture, que tout l'attrait du luxe n'en a pu faire fur leur efprit. L'un les attire par une voie douce & féduifante pour les obliger à paffer de leur état à un autre moins défagréable ; mais le fort de la milice & les travaux continuels de la corvée qui les inquietent vivement, les forcent malgré eux à tout abandonner. Je ne parlerai point ici de la maniere dont on leve les impôts fur ces miférables, & de la dureté avec laquelle ils font traités quelquefois par les gens prépofés à la régie des droits royaux. Si on faifoit ici un tableau au naturel de tout ce qu'ils fouffrent, il ne feroit pas poffible de comprendre comment il arrive que les campagnes ne foient pas entiérement défertes.

Sans entrer dans des calculs arbitraires & peu certains, que l'on faffe attention à la quantité prodigieufe d'habitans renfermés dans l'enceinte des villes & des gros bourgs, dont nul ne cultive la terre pour lui faire produire les denrées de premiere néceffité. Toute la nobleffe & la bourgoifie qui font répandues dans les campagnes & les villages, le clergé féculier, les communautés religieufes, les troupes de terre & de mer, les gens prépofés à la levée des impôts & à la garde de la contrebande, les enfans, les vieillards, les mandians, gens oififs & à charge aux autres ; que l'on confidere, dis-je, combien ce nombre de bouches qui vivent du travail des laboureurs, eft immenfe, à proportion du nombre de ceux qui travaillent dans les champs. Suppofons qu'il y ait vingt millions d'habitans dans le royaume, il y en a plus de dix-huit qui ne font pas profeffion du labourage, ou de travailler la terre. Je foutiens même qu'il ne fe trouve pas actuellement dans le royaume fept cent mille charues occupées à faire ce travail tel qu'on le pratique : c'eft un point qu'il me feroit très facile de prouver en entrant dans des raifonnemens de fpéculation fondés fur le produit moyen de nos terres. Communément une charrue qui exploite environ 75 arpens de terre, (y compris les prés, vignes, & bois ou autres terrains dépendans de la ferme) produit à peu près 70, ou 75 feptiers de bled, quand elle eft conduite par deux ou trois forts chevaux ; mais comme il y a beaucoup de pays où on ne laboure qu'avec des bœufs, des vaches ou même des ânes, on peut, eftimation moyenne, évaluer leur produit à environ 60 feptiers de bled année commune, mefure de Paris. Voilà à peu près ce que l'on receuille de bled dans tout le royaume, quand les années font dans un état moyen de fertilité ; c'eft-à-dire, quarante deux millions de feptiers pour les fept cens mille charrues. On voit donc combien le nombre des laboureurs ou des gens qui conduifent la charrue eft petit en comparaifon des autres ouvriers : je ne parle point des vignerons dont le nombre n'eft guere plus confidérable.

Si cependant en tems de guerre le fort de la milice, ou le dégoût du travail de la terre, causé par mille tracasseries de la part des impôts & des corvées nous enlevent chaque années 25 ou 30 mille hommes , précieux à l'agriculture, pour les faire passer dans notre milice, ou à recruter une partie des troupes , ou enfin à devenir domestiques dans les villes, & à y servir le public à dif-férens usages, ce sera une perte bien con-sidérable pour la culture des terres. Puisque dans les tems les plus tranquilles il est démontré que nous n'avons pas suffisamment d'ouvriers pour cultiver nos campagnes , à plus forte raison quand on tire 25 ou 30 mille des meilleurs ouvriers, ou qu'on les force à abandonner leurs chaumieres , pour porter les armes ou aller prendre dans les grandes villes d'autres professions moins fatigantes. Ces gens une fois sortis de la campagne ne retournent plus à leur premier métier.

Si la guerre dure plusieurs années , & qu'il y ait tous les ans un pareil nombre de gens arrachés aux travaux du labourage ; on ne doit pas être surpris de la disette des denrées, ni de la diminution qu'on apperçoit dans la population. Ces hommes expatriés périssent dans les troupes, ou y restent pour remplir la place de ceux des autres classes qui perdent la vie au service de l'Etat dans les troupes de terre ou dans la marine : or, comme nous l'avons démontré, c'est la classe des laboureurs &

des gens de campagne, qui recrute toutes
les pertes que l'Etat fait de ces hommes;
elles retombent toujours directement fur
l'agriculture.

Par la fuppofition que je viens de faire
de la perte annuelle de 25 ou 30 mille
hommes, j'entends une perte extraordinaire & indépendamment des hommes que les
campagnes fourniffent habituellement pour
recruter dans tous les tems la claffe des artifans & celle des domeftiques à la fuite des
nos armées; ce font autant de bras arrachés au travail des champs. Je ne crois pas
en avoir trop enflé le nombre en faifant
monter à 25 ou 30 mille hommes, tous
ceux que la guerre feule fait périr ou qui
prennent annuellement un autre parti que
celui de la culture de la terre Suivant
cet expofé qui eft on ne peut pas plus fimple, fi la guerre duroit cinq ou fix années,
ce feroit près de 180 mille familles de
moins qui fe trouveront faire un grand vuide dans les campagnes: car prefque tous
ces hommes fe feroient mariés, & auroient
contribué fans doute à augmenter le nombre des fujets en peuplant; puifque ce font
précifément les plus beaux hommes & les
plus fains que l'on choifit pour les troupes
ou pour fervir en qualité de domeftiques.
Telles font les voies par où les campagnes
perdent toujours, au lieu que les villes ne
perdent jamais. Ne pourroit-on pas trouver des expédiens propres à remédier à de
pareils maux, ou du moins à faire fup-

porter cette perte aux villes aussi bien qu'aux campagnes? De pareilles vues intéressent essentiellement le bien de l'Etat; cependant il semble qu'on n'y ait jamais bien sérieusement réfléchi. Jusqu'ici tous les moyens que nous ont indiqués la plûpart de nos politiques les plus estimés, ont été si visiblement insuffisans, qu'on ne doit pas être surpris que le gouvernement n'y ait point fait d'attention. Cependant la chose est importante & en mérite beaucoup. Peu-à-peu nos ressources diminuent, & nous nous trouverions à la fin semblables à ces malades dont les forces épuisées ne permettent plus à leur estomac de soutenir l'effort des remedes, & qui périssent faute de pouvoir profiter des secours les plus simples. Il est encore tems, & je vais indiquer quelques moyens prompts qui pourront d'abord procurer quelque soulagement, après quoi j'en proposerai d'autres, qui, quoique plus lents à opérer, n'en seront pas moins bons pour donner aux campagnes un nouveau peuple de cultivateurs.

CHA.

CHAPITRE III.

Projet d'un nouveau Reglement pour la milice du royaume.

Un des moyens les plus fûrs pour affermir la puiſſance du Souverain, eſt d'avoir en tout tems un puiſſant corps militaire toujours prêt à marcher & à ſe mettre en campagne au premier ordre. C'eſt pour cela que la France entretient en tems de paix des troupes nombreuſes, & qu'elle a ſoin de faire completer ſes milices. Par cette précaution ſage, elle tient ſes peuples dans une habitude continuelle du tirage de la milice par le ſort, & de l'exercice militaire. Par là elle eſt toujours en état de faire, ſi elle vouloit, des entrepriſes ſur ſes voiſins en cas qu'ils vinſſent à manquer aux traités, & à prévenir leurs mauvaiſes volontés contre ſes peuples. C'eſt à l'aide de nos milices & de nos troupes que le Roi ſe fait reſpecter de ſes ſujets & des nations amies, & peut ſe faire craindre de ſes ennemis. Ainſi rien n'eſt plus propre que l'entretien des milices pour maintenir la paix & la tranquillité tant au-dedans qu'au-dehors du royaume, & pour faire fleurir notre agriculture, les arts & le commerce tous amis de la paix. Quoique les milices ſoient les troupes les moins coûteuſes en tems de paix, puiſqu'elles ne cauſent aucune dépenſe à l'Etat , & qu'elles ne font point détournées des travaux ordinaires des peuples qui les fournifient , elles ne laiffent pas que d'être très onéreufes a l'agriculture. Nous avons déja fait fentir combien les laboureurs & tous les habitans de la campagne fe dégoûtent des travaux pénibles de la culture des terres, & embraffent par préférence le parti des arts méchaniques ou celui de la fervitude , qui ont pour eux moins de fatigues & dans lefquels ils menent une vie plus gracieufe : ajoutez à cet avantage déjà fort grand , celui d'être exempt de la milice , pour tous les domeftiques de la nobleffe , du clergé, des perfonnes en charge & dans les emplois royaux ; enfin ajoutez une pareille exemption de la milice pour toutes les communautés d'artifans & autres dans les plus grandes villes du royaume ; il n'en faudra pas davantage pour determiner toute la jeuneffe à déferter les campagnes & à venir chercher de l'occupation dans les villes , ou fe mettre en qualité de domeftiques chez quelques perfonnes qui auront le droit de les exempter. J'ai vu des fils de bons & riches laboureurs , pour s'exempter de tirer à la milice, ce qui dans l'efprit du peuple eft regardé comme une chofe deshonnorante, aller les uns chez des gentilshommes, d'autres chez des prêtres offrir de les fervir fans gages pendant fix mois pourvu qu'on les mît feulement à l'abri du fort de la milice. Tous ces faits prouvent évidemment combien cette appréhenſion produit d'effets fâcheux dans les campagnes.

Les peres & les meres idolâtres de leurs enfans tâchent de leur faire apprendre à lire & à écrire, & enſuite les mettent en apprentiſſage de quelque métier, afin que dans la ſuite ils ſoient en état de ſe paſſer de leur profeſſion, & de tenter fortune dans le monde. Le principe d'une pareille éducation ſi contraire au bien de l'agriculture ne peut pas être tiré d'ailleurs que de la peur qu'ils ont de la milice. Les parens à qui leur pauvreté ne permet pas de donner à leurs enfans cette eſpece d'éducation, leur font faire des mariages prématurés qui ne tournent que rarement à l'avantage des contractans ou de l'Etat. Ces jeunes gens ſans expérience & ſans conduite élevent mal leur petite famille, & augmentent le nombre des malheureux & des pauvres mandians : ce qui loin d'être un avantage, eſt une perte réelle pour la ſociété : car outre que ces miſérables ſont inutiles dans un Etat, ils ſont toute leur vie à ſa charge.

On me dira peut-être, qu'avant l'établiſſement de la milice levée par la voie du ſort, il n'y avoit pas moins de pauvres, & que les habitans déſertoient pareillement les campagnes. J'en conviens ; mais auſſi dans ce tems-là la milice n'exiſtoit pas moins & ne cauſoit pas de moindres déſordres qu'à préſent. Sous Louis XIV, &

même dans les commencemens du regne de Louis XV, les communautés étoient taxées ; on les obligeoit de fournir une certaine quantité d'hommes pour former les levées de troupes dont le Roi avoit befoin. Ainfi les chefs ou principaux de ces communautés étoient contraints de faire prendre de force les payfans pour les faire fervir contre leur gré. Les officiers des troupes réglées en agifloient de même pour completer leur compagnie, une pareille conduite caufoit dans les campagnes un défordre affreux. Le miniftere en fut informé, & voulut y remédier. C'eft pour quoi il fut défendu très févérement d'engager à l'avenir perfonne de force au fervice du Roi : ce qui fe pratique encore, & à l'égard de la milice on a obligé les fujets de tirer au fort. Comme cette nouveauté pouvoit dans ce tems-là trouver quelques obftacles parmi la noblefle & le clergé, le confeil déclara que les nobles, le clergé, & toutes les perfonnes revêtues d'offices royaux exempteroient leurs domeftiques de la néceffité de fubir le fort de la milice. Voilà d'abord un premier pas que la police du gouvernement a fait pour remettre un peu le bon ordre dans cette partie qui en avoit un befoin extrême ; mais cela n'a fait que remédier bien légérement au mal, qui exifte encore tout entier fur la claffe des hommes les plus utiles à l'Etat, je veux dire les cultivateurs.

En continuant le plan déjà établi du fort

de la milice dans toute l'étendue du royaume, il y auroit à faire pour remédier à ses mauvaises conséquences, une chose qui seroit très-avantageuse pour l'Etat en général, & pour l'agriculture & les arts en particulier : ce seroit que le Roi à la paix & non avant fît un nouveau réglement ou déclaration qui portât que tous les laboureurs travaillant & conduisant effectivement la charrue seroient exempts de tirer à la milice, ainsi que les vignerons & tous les gens travaillant habituellement à la vigne. Pour être dans le cas de l'exemption, ces gens seroient obligés de produire des attestations en bonne forme que depuis trois années ils n'ont pas cessé de faire cette profession : faute d'une pareille attestation bien en regle & non mandiée, ils seroient déchus de l'exemption, ainsi que dans le cas où il seroit prouvé que dans l'espace de ces trois ans, ils ont interrompu pendant six mois seulement pour se livrer à un autre travail. Ainsi chaque fois que les commissaires se présenteroient dans les paroisses pour faire tirer au sort, tous les gens qui seroient dans le cas de l'exemption suivant & aux termes de la déclaration du Roi, seroient obligés de donner des preuves de leur exemption en présence de toute l'assemblée de leur paroisse; & si les preuves se trouvoient non valablement contestées, on exempteroit ces laboureurs & vignerons aussi bien que les ouvriers travaillant au labour & à la vigne.

Le second article de cette déclaration porteroit que sans aucune distinction de rang, de qualité, ni d'aucun autre privilege quel qu'il pût être, tous les domestiques en général, même ceux de la noblesse, du clergé, & des gens en charge, seroient obligés de subir le sort de la milice, suivant les réglemens qui seroient faits à ce sujet; mais que seulement il seroit permis aux maîtres qui sont actuellement privilégiés, s'ils faisoient assez de cas de leurs domestiques, de pouvoir donner 100 livres à la communauté dans laquelle ce domestique seroit échu au sort, afin que cette communauté se chargeât d'acheter à sa place un autre militien; sauf au maître de s'arranger comme bon lui semblera avec son domestique ou sa famille pour trouver sur ses gages une indemnité de cette somme. Le domestique en seroit quitte pour une année ou un certain tems de service équivalent à la somme de 100 livres, qu'il donneroit à son maître en échange de cette avance. Mais ce privilege des maîtres ne seroit accordé qu'à la noblesse & aux personnes ecclefiastiques ou en charge: de sorte qu'à l'égard des autres, les domestiques ne pourroient pas se racheter du sort pour quelque somme que ce pût être, autrement que de l'exprès confentement de la communauté. A l'égard des domestiques de fermiers & autres travaillans à la terre ou à la vigne, ils seroient exempts, comme on l'a dit ci-devant, en rapportant les attestations en bonne forme, telles qu'on les a marquées dans l'article premier.

Le troisieme article de la déclaration ou réglement porteroit exemption de tirer à la milice pour tous les garçons de metiers & fils de maître de quelque professions que ce pût être, qui par un chefd'œuvre de leur art auroient remporté sur les autres une préférence que les maîtres jurés de la communauté leur accorderoient, sur un certain nombre, par exemple, seize sur cent, qui se présenteroient à l'examen ; que cependant on auroit autant égard à leurs mœurs qu'à leurs talens, & que s'il y avoit en cela quelque chose de repréhensible sur leur compte, ils ne profiteroient point de l'exemption quelque habileté qu'ils pussent avoir d'ailleurs.

Le quatrieme article porteroit une exemption du sort de la milice pour les enfans de ceux de la bourgoisie qui habitent les campagnes & qui possedent pour plus de trente mille livres de bien en fonds de terre, ou qui font annuellement un commerce réel, effectif & bien prouvé de trente mille livres ; & enfin pour ceux dont les peres ont servi dans les troupes en qualité d'officiers, ou qui y ont actuellement quelques-uns de leur propre famille.

A l'exception des cas marqués ci-dessus toute personne qui n'est point noble ou privilégiée, ou tonsurée ou actuellement dans les études, seroit obligée de subir le sort de la milice.

A

A l'égard des villes capitales de provin-ce & autres qui font en jouïffance de l'ex-emption de la milice, elles le conferve-roient pour leurs habitans feulement, mais non pour les étrangers qui s'y retireroient & qui n'auroient pas une preuve d'établis-fement d'une année auparavant pour le moins.

CHAPITRE IV.

Obfervations fur les divers Articles du Régle-ment précédent.

Le Réglement pour la milice, que l'on vient d'ébaucher, eft bien propre à faire fleurir le commerce & l'agriculture. Le premier article par lequel on propofe d'exempter du fort de la milice les labou-reurs feulement avec les ouvriers travail-lant à la vigne, fuffira pour perfection-ner la culture des terres & la porter au plus haut degré dont elle foit fufceptible : car les payfans pour exempter leurs enfans de tirer au fort les obligeront à fe faire la-boureurs, ou vignerons, ou à travailler pour les uns ou les autres. De-là il s'en-fuivra que les travaux ne feront pas fi rares & fe feront à meilleur marché, par le grand nombre d'ouvriers que cela procurera à la terre ; & les hommes par l'habitude du travail deviendront forts & vigoureux.

Ceux qui ne feront pas mariés, au moyen de cette exemption, refteront dans les campagnes, au lieu d'aller, comme ils font à préfent, fervir dans les villes en qualité de domeftiques, ou d'entrer dans les profeffions d'artifans qui ne pourront plus alors les préferver du fort. Ainfi la profeffion la plus fatigante & actuellement la plus méprifée, je veux dire, la culture des terres, reviendroit en honneur, & par ce moyen, qui eft fort fimple, feroit la plus confidérée par la fuite; de-là il réfulteroit que nos terres en feroient mieux cultivées; le nombre des charrues ne tarderoit pas à augmenter confidérablement; les ouvriers vignerons fe multiplieroient, & les vignes en feroient bien mieux conduites, & produiroient des récoltes plus abondantes; ce qui feroit d'un avantage ineftimable pour le bien du royaume, & pour la population.

Par le fecond article du Réglement les peuples de la campagne ne l'abandonneroient plus, comme ils font, pour fe faire laquais ou domeftiques de luxe, puifque ces places ne leur procureroient plus l'exemption du fort de la milice. Qu'on ne s'imagine pas que la nobleffe mît obftacle à de pareils arragemens; elle eft plus intéreffée qu'aucun autre ordre de l'Etat à les voir établir: car c'eft à elle qu'appartiennent les plus grands fonds de terre du royaume: & leur revenu eft plus ou moins confidérable, felon que ces terres font plus ou moins bien cultivées. Ainsi par une suite du moyen que nous indiquons, les nobles auront l'avantage de voir leur terres devenir d'un bien meilleur rapport, quand ces réglemens de police auront été généralement adoptés. Si d'un côté ils ont moins de domestiques à leur service, ils en seront bien dédommagés d'ailleurs, comme il est facile de l'appercevoir. Au surplus une légere augmentation de gages, leur en procurera toujours en abondance ; & lorsqu'il arrivera qu'ils en affectionneront quelques-uns, ils pourront les exempter de marcher à la milice, s'ils tombent au sort, en avançant pour cela une somme modique de 100 livres qu'ils pourront faire valoir ainsi qu'ils l'entendront envers le domestique qu'ils auront voulu garantir. Par ce moyen ils s'attireront un attachement inviolable de la part de leurs domestiques, qui feront de leur mieux pour gagner les bonnes graces de leurs maîtres, dans l'espoir d'en être favorisés dans le cas de la milice. Et comme cette somme de 100 livres se retiendra sur leurs gages, si le maître l'exige, ce sera pour eux une espece de gêne suffisante pour obliger les jeunes-gens de la campagne à préférer un état libre, en cultivant nos terres, à la profession de domestique.

Il y aura pareillement moins de gens qui s'adonneront aux professions méchaniques, dès qu'il n'y aura parmi eux que les plus dignes, par leurs mœurs & leur

habileté, qui pourront jouïr de l'exemption de la milice. Cet expédient, qui eſt
tout ſimple, portera les ouvriers en tout
genre à ſe ſurpaſſer les uns les autres en
adreſſe, & à réformer leurs mœurs. Il n'y
aura pas pourtant moins de ſujets qu'à préſent pour tirer au ſort de la milice, puiſqu'on en fera le même nombre, qui ſera
pris ſur toutes les perſonnes les moins utiles aux arts & à l'agriculture. Cependant,
à l'envi les uns des autres, ils s'efforceront pour gagner l'exemption, à devenir
meilleurs; d'où il s'en ſuivra un avantage
des plus conſidérables.

Le quatrieme Article n'a pas moins ſon
utilité que les trois premiers : il n'y aura
parmi la bourgeoiſie non privilégiée, que
ceux qui auront trente mille Livres en fonds
de terre, ou qui feront annuellement un
commerce de cette même valeur en capital, qui pourront exempter leurs enfans.
Il faut conſidérer que les ſujets, qui ont
dans l'Etat une occupation de cette importance, ſont auſſi utiles au moins que ceux
qui portent les armes au ſervice du Prince;
il en eſt de même de ceux qui poſſedent un
art, quel qu'il ſoit, dans la perfection, &
qui rempliſſent en même tems tous les devoirs de leur état; mais à l'égard de ceux
qui vivent oiſits, c'eſt-à-dire la plûpart
de la petite bourgeoiſie dans les campagnes,
où elle ne s'occupe de rien ou à fort peu
de choſe; ils feront toujours mieux de ſuivre le parti du ſervice militaire, ou celui

de l'agriculture, qui tous les deux les rendront également utiles à l'Etat. Ainsi comme la plus grande partie de ceux-ci ne voudra pas être exposée à subir le sort de la milice, comme les simples payſans, il faudra que de bonne volonté ils prennent parti dans nos troupes reglées. Cela fournira dans nos armées des ſujets qui ſeront plus propres que des payſans groſſiers: car outre que cette jeuneſſe eſt élevée d'une maniere ſobre & robuſte, elle a plus d'adreſſe, plus de ſentiment & de valeur, que n'en ont des payſans ſtupides élevés plus groſſiérement. Sans doute ils y auront quelque répugnance dans les commencemens; mais dès que les premiers auront franchi le pas, tous les autres ne tarderont pas à en faire autant; de plus, comme leurs familles ſeront en état de leur fournir une petite penſion, cela les mettra dans la ſituation de pouvoir ſe diſtinguer du commun des ſoldats. Au reſte ils auront pluſieurs partis à choiſir, celui de ſervir volontairement dans quelques-uns de nos régimens, ou de primer dans quelque art méchanique, ou de faire un commerce de 30 mille livres de capital. Cela augmentera d'autant les ouvriers de la campagne & la population dans le royaume: car les places que ces jeunes-gens occuperont, nous épargneront autant de travailleurs, qui ſeront conſervés de plus dans nos campagnes, qui en deviendront plus floriſſantes, ainſi que notre commerce à proportion;

puifque fa réuffite dépend, en bonne partie du bon état de l'agriculture. Avec le tems il s'en fuivra une plus nombreufe population.

Ce moyen feul, qui vient d'être détaillé, pourroit comme on voit, être très efficace ; d'ailleurs il ne feroit pas d'une exécution bien difficile : tout dépend de la tournure qu'on lui donneroit. Il en eft encore plufieurs autres qui, joints à celuici, ne feront que rendre les chofes plus completes : nous en allons donner le détail dans les Chapitres fuivans.

❋❋❋❋❋❋❋❋❋❋❋❋❋❋❋❋❋❋❋❋❋

CHAPITRE V.

Projet d'une police qu'on devroit obferver dans Paris & dans les principales villes du Royaume.

Nous avons traité dans les Chapitres précédens d'une des principales caufes qui détruifent la population dans les campagnes, je veux dire du fort des milices mal ordonné ; & nous avons à cet égard propofé des moyens propres à les lever fans nuire à la population ni aux travaux de la campagne. Nous allons parcourir d'autres défordres qui ne font pas moins de tort & auxquels il feroit facile à la police de remédier : nous en indiquerons en même tems les moyens.

Il est certain en général que la plûpart des grandes villes du royaume, & sur-tout la capitale, sont remplies d'une quantité prodigieuse de gens de toute espece qui n'y ont aucune affaire. Si on les obligeoit à retourner dans leur pays, il en résulteroit un grand bien. Contraints à habiter les campagnes, ils y seroient à portée de travailler à la terre, au-lieu qu'étant à Paris, outre que ce sont des gens inutiles, ils occupent des logemens & consomment des vivres qui par cette raison deviennent plus rares & montent à un prix qui affame ceux qui y sont nécessaires & n'ont que leur travail pour se soutenir. Combien ne voit-on pas de jeunes-gens de famille, qui sous prétexte de chercher de l'emploi viennent dans la capitale, où ils ne font rien que dérober à l'Etat un travail qu'ils lui doivent! A peine y ont-ils resté six mois à mener une vie inutile & fainéante, ils en prennent le goût & s'y habituent de maniere qu'ils ne peuvent plus se résoudre à retourner chez eux quelques ordres qu'ils en reçoivent de leurs parens. Ils aiment mieux y rester malheureux, vivre d'intrigue, peut-être même y faire un commerce deshonorant pour subsister, que de rentrer dans leur famille où ils seroient sans doute plus nécessaires. Ce sont souvent des fléaux d'hôtels garnis, & d'auberges, où ils font de tous côtés des dettes qu'ils sentent bien n'être pas en état d'acquitter. La police devroit prendre une connoissance de leur conduite, & les chasser de Paris avec menace d'une punition exemplaire en cas qu'ils y fussent retrouvés sans affaire. Par ce moyen on rendroit à l'Etat un service essentiel : on conserveroit bien des citoyens qui n'étant pas encore entiérement corrompus pourroient devenir par la suite des sujets précieux : on les rendroit à leurs familles qui veilleroient avec soin à leur conduite & à leur établissement au-lieu qu'en les laissant demeurer à Paris, livrés à leurs propres caprices, ils y perdent leur tems, & quelquefois toute leur jeunesse à une vie libertine. Rien n'est plus propre à diminuer la population qu'une pareille négligence de la part des magistrats : car ces sortes de gens ne forment guere d'établissement solide, & par conséquent ne donnent que très peu de citoyens à l'Etat.

Ce que nous disons des jeunes-gens peut aussi en quelque façon s'appliquer aux filles. Combien n'en voit-on pas tant du voisinage de Paris que des provinces éloignées, qui après avoir vecu chez elles dans le desordre viennent se refugier dans la capitale pour y mener une conduite licentieuse à l'abri d'un changement de nom qui leur facilite le moyen d'y rester sans être connues. Un peu plus d'attention de la part des magistrats de police sur les personnes du sexe qui viennent demeurer à Paris, empêcheroit bien des désordres, & préviendroit dans beaucoup de familles dont ces filles s'échapent, un dérangement souvent causé par un efprit de libertinage; au-lieu que la difficulté de trouver un azyle commode & favorable à leur vues, les forceroit peut-être à une vie plus réglée.

Lorfqu'on foupçonne quelque contagion dans une ville, les magiftrats ne manquent pas de donner tous leurs foins, à ce que l'on faffe une garde exacte, & que qui que ce foit ne puiffe paffer fans être muni de bons certificats de fanté; & ces précautions font excellentes. Pourquoi ne pourroit-on pas, fi on vouloit, employer les mêmes attentions pour empêcher les gens inutiles, de féjourner dans les villes où ils n'ont aucunes affaires qui les y appellent? Il me femble qu'il feroit très facile de faire des réglemens de police fi féveres que bientôt les gens fans aveu feroient obligés de quitter Paris ou les autres grandes villes du royaume, & d'embraffer ailleurs un genre de vie capable de les faire fubfifter, en les rendant utiles à l'Etat malgré eux.

Pour cet effet je voudrois que chaque nouvel-arrivant fût tenu de fe munir pour demeurer à Paris ou dans une autre ville, d'une permiffion expreffe de la police émanée d'un bureau où il iroit déclarer fon nom, fon pays, fes qualités, & l'objet de fon voyage, & fi c'eft un jeune homme, qu'il fît apparoir un confentement de fes parens légalifé par les juges du lieu; qu'il fût défendu à tous hôtels garnis, aubergiftes & hôtelliers de garder qui que ce foit chez eux plus de quatre jours fans qu'il lui repréfente la permiſſion de la police. Il faudroit de plus que ces fortes de permiſ-ſions fuſſent renouvellées tout les mois, le tout à peine d'un certain tems de pri-ſon, après lequel injonction leur feroit fai-te de quitter Paris fous de plus grandes peines. Les parens, qui ne favent fouvent où font leurs enfans, pourroient s'adreſſer à ce bureau pour s'informer de leur con-duite & pour les obliger de retourner vers leur famille. Il en feroit de même des créanciers qui leur auroient fourni leur fub-ſiſtance & leur logement : ils pourroient s'adreſſer à ce bureau & demander la pour-fuite de leur payement. Alors ce feroit une raiſon de plus pour obliger la police d'uſer de quelques punitions envers les perſonnes qui ſe trouveroient dans les cas repréhen-ſibles par leur mauvaiſe conduite.

Si on pratiquoit ce moyen on verroit en peu de tems changer la face des choſes. La capitale feroit bientôt purgée de quan-tité de gens fans aveu, & fur-tout des jeu-nes-gens qui fans confidérer les dangers auxquels ils s'expoſent en venant à Paris, quittent leurs pays natal & leur famille fous le vain eſpoir qu'à la faveur de quel-ques foibles talens ou par la protection de quelques gens en place, ils pourront faire fortune, parce que peut-être ils en auront vu un fur mille qui aura réuſſi. Quel bien ne feroit-ce pas pour la capitale que de la purger ainfi de fainéans & de gens inuti-les ? Quel bien pour les provinces où l'on renverroit ainſi des déſerteurs qui peuvent y être de quelque utilité? Combien un pareil réglement ne procureroit-il pas de ſujets dans les armées qui faute de mieux ſeroient en quelque façon obligés de prendre le parti du ſervice comme le plus convenable. Ces recrues conſerveroient à l'Etat beaucoup de bons ouvriers, ſoit dans l'agriculture ou dans les arts méchaniques, dont on n'auroit plus que faire & qu'on ne ſeroit pas obligé de faire ſervir au détriment du commerce & de la population de l'Etat.

Ou voit donc qu'un ſimple réglement de police tel que nous le propoſons, ſeroit facile à exécuter, & cependant ſeroit d'une conſéquence infinie, pour la ſûreté & le ſoulagement de la capitale, pour le bien de toutes les grandes villes & autres lieux des provinces. Il eſt certain même que ſon utilité influeroit auſſi ſur les bonnes mœurs, en faiſant ceſſer beaucoup de deſordres. On empêcheroit par là les citoyens qui ne ſont pas encore perdus ſans reſſource, de ſe précipiter dans un abîme de malheurs; & on fermeroit la porte aux plus grands vices, en veillant exactement ſur la conduite ſur-tout des jeunes-gens, qui ne penſent le plus ſouvent qu'à ſe plonger dans le libertinage où les entraîne l'exemple de leurs compagnons auſſi oiſifs qu'eux. Cet objet eſt, à mon avis, de la plus grande importance & mérite bien l'attention

des magiſtrats: tout ſemble convier à cet‑
te réforme; c'eſt au public qui eſt le plus
intéreſſé à juger de la juſteſſe de mon
motif.

✻✻✻✻✻✻✻✻✻✻✻✻✻✻✻✻✻✻✻✻✻✻

CHAPITRE VI.

Que la police ne devroit permettre de petit peu‑
ple dans les grandes villes, que le nombre
qui y eſt abſolument néceſſaire, & ren‑
voyer le reſte dans les villes de province,
les bourgs & les campagnes.

Tout ce qui tend aux vues générales du
bien public ſoit immédiatement ou par des
conſéquences claires & bien déduites, eſt
du reſſort de la police. Je ne crois pas que
cette propoſition trouve des contradicteurs.
Ainſi il ne ſuffit pas pour le bien de la ſo‑
ciété de veiller à la tranquillité & à la ſû‑
reté des citoyens dans les grandes villes;
il faut encore que le ſoin de la magiſtrature
s'étende juſqu'à prendre une connoiſſance
exacte de l'occupation de tous les habitans.
Car de quelque état qu'on ſoit, marchand,
artiſant, ou mercénaire, tous doivent tra‑
vailler utilement au bien public; & ce n'eſt
qu'à cette condition qu'on eſt en droit de
participer à la protection générale que l'E‑
tat doit aux citoyens. Or la plupart des
conditions des hommes ont trait ſoit à l'a‑

griculture ou au commerce qui font les deux branches effentielles du gouvernement; ainfi veiller exactement fur l'occupation des hommes, c'eft protéger l'Etat en général. Faire enforte qu'il n'y ait que le moins qu'il eft poffible de bras inutiles, c'eft travailler directement ou indirectement au bien de l'agriculture & du commerce, & par une fuite néceffaire augmenter la population. Il eft donc de la derniere importance de diriger le travail des gens oififs ou inutiles vers d'autres objets plus importans.

A cet égard il y auroit bien de la réforme à faire dans les grandes villes & furtout dans la capitale, où on voit un grand nombre de gens qui ne fubfiftent que par des efpeces de métiers qui n'en font pas réellement, & dont le travail ne fert qu'à les faire vivre aux dépens des autres, fans qu'il en réfulte aucun bien pour l'Etat en général. Nous allons parcourir quelques unes de ces fortes d'occupations qui dérobent à l'agriculture & au véritable commerce, des gens qui pourroient être des fujets précieux, s'ils étoient convenablement employés.

Ce n'eft pas affez d'avoir expulfé de Paris quantité de gens tout-à-fait defœuvrés; & on y parviendroit en peu de tems par le réglement propofé ci-devant. Il faut porter fes vues encore plus loin, & faire enforte que l'emploi de ceux qui travaillent foit utile, ou bien les chaffer comme des

fangfues qui ne vivent que du fang des autres dont ils confomment la fubfiftance,
les rendre de gré ou de force à la campagne, où la néceffité derniere les obligera
de s'occuper à la culture des terres, ou
dans les manufactures : tels font

1°. Une foule de petits marchands ambulans qui vont criant par les rues, ou portent leurs marchandifes dans les maifons.
Pourquoi permettre ce furcroft de charge
fur le public ? Pourquoi ne pas défendre un
pareil traffic ? Tout y convie, le bien public & le particulier. Le bien public le
demande ; ce font des gens inutiles. Il y
a dans Paris des marchands de toute efpece qui tiennent boutique ouverte chez qui
il eft beaucoup plus avantageux d'aller
acheter tout ce dont on a befoin. Obligez
les de ceffer un pareil négoce : la néceffité
de fubfifter les contraindra d'aller travailler
ailleurs ; & il faudra de toute néceffité
qu'ils s'occupent foit dans la campagne au
labour ou aux manufactures, ou qu'ils s'en-
rolent dans les troupes où ils tiendront
la place de gens plus propres qu'eux aux
travaux néceffaires. Ainfi la police aura
trouvé le fecret de les faire contribuer malgré eux & même à leur infu au bien général de l'Etat. Mais le bien particulier ne
le demande pas moins, tant celui des marchands que celui des particuliers acheteurs.
Puifqu'il y a dans Paris & dans les grandes
villes du royaume des marchands de toute
forte de denrées & de marchandifes qui

ont boutique ouverte , dont ils paient le loyer; que pour avoir ce droit, ils ont fait les apprentiſſages & payé la Maſtriſe , il eſt juſte que l'Etat les protege & les ſoutienne dans des privileges qu'ils ont achetés ſouvent très cher , vu leurs facultés. On ne doit donc pas ſouffrir que des coureurs , des gens ſans qualité aillent promener dans les rues leurs boutiques , faſſent peu ou beaucoup de tort au débit des Boutiquiers établis. Mais je dis plus , il eſt intéreſſant pour le public acheteur que ces gens-là ne ſoient pas ſoufferts. Le ſeul avantage qu'on y trouve , eſt d'épargner quelques pas qu'il faudroit faire de plus pour ſe tranſporter chez les marchands autoriſés. Du reſte on perd bien davantage , ſoit pour la qualité des marchandiſes ſoit pour le prix. A l'égard de la qualité, la choſe eſt ſans replique. Ces petits débitans n'achetent que des marchandiſes de rebut, défectueuſes , ou abſolument mauvaiſes , afin de pouvoir les donner à meilleur compte: ils ſentent bien que ſans cet appas, on ne leur donneroit jamais la préférence. Quant au prix, ce ſont le plus ſouvent des fripons qui ſous le prétexte du bon marché dupent les non-connoiſſeurs , leurs marchandiſes étant encore beaucoup au-deſſous du bas prix qu'ils y mettent. Comme le particulier , ſans ſe connoſtre à l'eſpece de la marchandiſe , fait cependant à peu près le prix de ce qu'il veut acheter , il croit, en payant les choſes un peu moins que le prix ordinaire, avoir fait une bonne emplette, tandis qu'il auroit ces marchandiſes ainſi défectueſes, peut être meilleures, à plus grand marché encore dans les boutiques. Voilà comme on ſe laiſſe tromper par ces petits marchands ambulans.

Concluons de tout ceci que ces ſortes de gens ſont nuiſibles dans la capitale. Il n'y a point d'autre parti à prendre que de les en chaſſer. La police eſt intéreſſée à faire cette réforme tant pour maintenir les privileges des marchands qui ont droit de les reclamer & qui les reclament tous les jours, que pour délivrer le public d'une eſpece de vermine qui vit pour ainſi dire à contribution ſur lui. Car enfin ces gens, dont j'ai prouvé l'inutilité parfaite, vivent cependant & ils ne peuvent vivre qu'au préjudice des profeſſions utiles. D'ailleurs ces gens-là & une foule d'autres petits portes-male auſſi obſcurs ſont quelquefois des domeſtiques qui après avoir gagné quelque argent dans la ſervitude, ont quitté leur condition pour faire ce trafic ſans nom. Otez-leur en les moyens, ils retourneront à leur premier état; on ne ſera pas obligé de prendre à leur place de nouveaux domeſtiques de la campagne; ou s'ils en viennent d'eux-mêmes, la difficulté de trouver des maiſons où ſervir, les forcera de retourner au travail des terres.

2°. On rencontre à chaque pas dans Paris, de ces gens qui s'appellent marchands d'habits & de vieux galons; crieuſes de

vieux

vieux chapeaux; & le nombre en est très considérable. Je demande quelle est l'utilité de ces gens-là? Il y a dans la ville une assez grande quantité de marchands fripiers établis. Quiconque à de vieilles hardes à vendre saura bien les trouver, comme ceux qui en veulent acheter savent bien aller dans leurs boutiques. Ces crieurs ne les achetent que pour les revendre aux fripiers sur le champ, & cependant il faut qu'ils gagnent dessus cette marchandise. Les domestiques ou autres qui vendent leurs hardes auroient donc plus de profit à les porter directement chez les fripiers. Je dis plus; ces crieurs sont une vraie peste dans la ville. La facilité qu'il y a de leur vendre fait que bien des gens dérobent du linge, & autres nipes, pour en faire de l'argent sur le champ. La même facilité engage souvent aussi des jeunes gens à vendre ce qu'ils ont pour aller se divertir: au-lieu que s'il falloit aller derectement chez les fripiers, les uns n'oseroient pas, parce qu'il y a une espece de honte à vendre ses hardes; les autres l'oseroient encore moins de crainte d'être découvert. Tout cela empêcheroit bien des friponneries & du libertinage. Quels motifs plus puissants pour les exclure d'une ville où ils vivent sans nécessité, & à la charge du public, tandis qu'ils pourroient être utiles ailleurs.

3°. Il y a dans Paris une infinité de vendeuses de fruits, de legumes &c. qu'elles portent dans des éventaires: ces femmes font un bruit & un embarras infuportable dans les rues. De quelle néceffité font elles pour le public ? N'y a-t-il pas affez de fruitieres établies en boutique & qui paient une maîtrife ? Pourquoi les priver par cette tolérance, d'un profit dont elles ont acquis le droit exclufif ? Que les boutiques de celles-ci foient fournies abondamment de marchandifes, on ira y faire fes empletes & le public ne fe trouvera plus vexé par un nombre prodigieux de bouches inutiles qui confomment mal à propos des denrées dont elles font augmenter le prix au préjudice du public néceffaire qui en fouffre. En effet comme je l'ai déjà dit plus haut; ces gens-là vivent & ne vivent que du profit qu'ils font. Or leur état n'étant pas néceffaire, leur fubfiftance eft prife indubitablement fur les particuliers, ou pour le moins fait du tort à ceux qui par état ont le droit de faire feuls le commerce que ceux-ci ufurpent fur eux. Ces fortes de gens rempliroient bien mieux leur devoir comme fujets à la campagne dont ils font fortis, que dans une ville d'où leur inutilité doit les exclure.

4°. Que dirons nous de tous les crieurs publics d'arrêts & fentences ? Des vendeurs de billets de lotterie & autres gens de cette efpece ? Quelle eft l'utilité de ces fortes de gens ? Il faut des afficheurs, fans doute; il y en a, le nombre en eft fixé & il fuffit. Faites afficher les Edits, Arrêts, Annonces publiques, & fur tout les

Réglemens fages de la police : tout le monde pourra les lire dans les carrefours & aux coins des rues. Mais qu'eft-il befoin d'un tas de fainéans qui courent les rues, étourdiffent le public, importunent un honnête-homme pour lui vendre ce qu'il ne veut pas acheter ? S'il veut feulement lire ce Papier, il eft affiché, il le lira gratis. S'il le veut avoir, qu'il l'envoye acheter chez l'imprimeur. Eft-ce donc pour faire gagner cet imprimeur qui diftribue toutes ces chofes aux colporteurs ? Je n'y vois pas d'autre utilité ; mais fi cela eft, le motif eft bien médiocre.

Ces mêmes gens vendent au public les billets de lotterie : autre inutilité. Je n'entrerai pas ici dans l'examen du bien ou du tort que les lotteries peuvent faire : elles font autorifées par le gouvernement ; c'eft affez pour moi ; mais ces lotteries ont quantité de bureaux établis & difperfés dans les différens quartiers de Paris. On ne peut pas faire dix pas fans en rencontrer. A quoi bon fouffrir des colporteurs qui par importunité font dépenfer aux gens de l'argent mal à propos, & encore les vexent par un furcroît de dépenfe qu'ils exigent pour leur falaire.

Je n'ai rapporté les quatre articles qu'on vient de voir, que comme des exemples de quantité d'autres efpeces de gens dont le métier eft abfolument dénué de toute utilité ; & qui ramaffés enfemble formeroient dans Paris feul une multitude très confidérable de gens de l'un & l'autre sexe qui pourroient faire un bien visible à l'Etat s'ils étoient employés à profit, & déchargeroient la capitale d'une foule de gens véritablement à charge aux autres.

On me dira peut-être que tous ces gens vivent & consomment des denrées, que la consommation fait le bien du commerce, & qu'ainsi ils ne sont pas tout à fait inutiles. Cette objection est facile à détruire. Ils consomment, cela est vrai; mais ils ne consommeront pas moins dans les campagnes qu'à la ville & le commerce n'y trouveroit pas moins son compte.

Peut-être qu'alors la consommation des denrées n'étant pas tout à fait si forte à Paris qu'elle l'est à présent & les droits d'entrée y étant plus considérables que partout ailleurs, le roi y perdroit un peu: cela peut être ; mais outre que ce seroit peu de chose ; ce peu seroit compensé, avec usure, par les tailles & autres impositions que ces gens payeroient dans les campagnes. En un mot leur travail seroit alors avantageux à l'Etat. Les terres en seroient mieux cultivées. Par conséquent le commerce y gagneroit beaucoup.

A l'égard de la capitale les marchands & artisans vendroient eux mêmes leurs denrées sans être obligés d'en partager le profit avec d'autres; & les particuliers ne seroient pas tous les jours rançonnés comme ils le font par une troupe de fripons qui vivent à leurs dépens.

On a donné depuis peu des médailles
aux crieurs publics, vendeurs d'arrêt & de
billets de lotterie, que nous regardons comme des gens inutiles à l'État. Ne feroit il
pas plus à propos d'en donner aux crocheteurs & aux favoyards dont on fe fert
pour faire des commiffions? La chofe me
paroît bien plus importante. Car enfin ces
fortes de gens font néceffaires; le public
à qui ils rendent des fervices continuels,
auroit befoin de trouver en eux quelques
furetés. Cependant la police y fait-elle
attention? Il eft vrai que communément
ces gens font affez fideles; mais s'il y avoit
un bureau de police qui prît connoiffance
de ces fortes de valets publics, & qui enré-
giftrât leur nom, leur fignalement, le lieu
de leur naiffance; & que l'on diftribuât enfin à chacun d'eux une médaille, dont le
numero feroit enrégiftré avec leur nom,
cela leur en impoferoit & les obligeroit à
un furcroît de fidélité & d'honnêteté.

J'en dirois volontiers autant des porteurs
d'eau & de tous ceux du fervice defquels on
ne peut pas abfolument fe paffer.

Au moyen de ces détails la police en
connoîtroit précifément le nombre & n'en
permettroit jamais qu'autant qu'il en faut
pour le fervice public, de forte que ceux
qui voudroient s'établir fans avoir la permiffion & la médaille, ne le pourroient pas
faire, & feroient obligés de retourner dans
leur païs. On pourroit exiger de chacun
d'eux un droit léger pour l'enrégiftrement

& la médaille , qui sans les gêner, suffi-
roit amplement à l'entretien du bureau.

On ne doit pas douter que de pareils
réglemens de police ne fissent un très bon
effet, ne missent un ordre admirable dans
ces différentes classes du petit peuple, &
sur-tout n'écartassent des villes quantité de
paresseux, qui désertent les campagnes &
les rendent incultes faute de bras qui re-
muent la terre. C'est ordinairement la pa-
resse & la misere dans laquelle vit ce pauvre peuple qui l'obligent en quelque sorte
à venir dans les villes où l'on croit trouver
une vie plus douce & plus aisée. Mais dès
que l'exactitude de la police à n'y admettre que les gens absolument nécessaires, dont on aura fixé le nombre, au-delà du quel on n'en recevra aucuns, leur
en défendra l'entrée, ils ne sortiront plus
de leur village, & prendront le parti d'y
travailler à gagner de quoi subsister. On
verroit en peu de tems ces mêmes campagnes devenir plus fertiles à proportion
du travail que feroient les habitans. De
pareilles vûes rameneroient insensiblement
les peuples dans l'Etat pour lequel ils font
nés, & qui est si important au bien général de la société.

Tirons encore de tout ceci quelques
conséquences. Le petit peuple à qui la
police permettra de s'établir dans les villes, n'étant pas plus nombreux qu'il n'est
besoin pour le service de ces mêmes villes, trouvera de quoi s'occuper. Il vivra

avec plus d'aisance, & élevera dans la même profession ses enfans qui le pourront remplacer par la suite, sans craindre que de nouveaux venus s'emparent de leur place. Ces états passeront ainsi des peres aux enfans qui seront toujours préférés. Si par des réglemens aussi sages on pouvoit parvenir à maintenir le bon ordre dans toutes les professions qui sont dépendantes du public, on pourroit à juste titre se flatter d'avoir rencontré le véritable secret de mettre la population dans toute sa vigueur. C'est ce que nous allons essayer de faire en parcourant tous les états méchaniques, qui forment une partie essentielle de l'Etat, & sont une des branches meres de notre commerce.

LIVRE TROISIEME.

De la classe des Marchands & Artisans.

❊❊❊❊❊❊❊❊❊❊❊❊❊❊❊❊❊❊❊❊❊❊

CHAPITRE I.

Des Réglemens de police néceffaires pour les artifans & en général pour toutes les profeffions méchaniques, & celles des marchands.

Dans un Etat policé on doit toujours avoir en vue de parvenir en toute chofe à la plus grande perfection; mais ce n'eft jamais que par degrès qu'on y parvient. Le gouvernement pour mettre un certain ordre dans les claffes différentes des hommes a commencé par former à leur égard de nouveaux établiffemens & créer de nouvelles loix à mefure que les circonftances en ont indiqué la néceffité, & que l'on voyoit les peuples fe porter d'eux-mêmes à les demander. C'eft en effet la plus fûre méthode, fi l'on veut que les nouveaux réglemens foient exécutés comme il convient & dans toute leur étendue. On a donc commencé par ériger dans les villes les différentes claffes de métiers & de marchands en corps de communauté. On a fait des ftatuts pour contenir chaque profeffion dans fes juftes bornes, & empêcher que l'une n'anticipât fur l'autre, & maintenir par-tout le bon ordre. Ces commencemens n'ont été que comme le cannevas ou comme des plans ébauchés fur lefquels on a travaillé dans la fuite, ajoutant felon le lieu, le tems & les circonftances, de nouveaux réglemens aux anciens; & infenfiblement on eft parvenu à amener les chofes au point où nous les voyons.

Il s'en faut bien que ces établiffemens foient encore à la perfection dont ils font fufceptibles. On auroit du tâcher de leur donner une ftabilité qui rendît les profes-fions plus lucratives, & qui affurât à ceux qui en font membres quelques reffources dans leur vieilleffe, ou dans le cas d'ac-cident. Ce point de vue véritablement patriotique n'auroit pas du être oublié. En-core moins devoit-on l'exclure par les in-convéniens prefque néceffaires de quelques ftatuts anciens & nouveaux, qui ne fem-blent uniquement dirigés qu'à l'avantage de quelques membres qui en jouïffent pri-vativement aux autres. Je veux parler des jurés en charge, qui reçoivent les émolu-mens de leur communauté, & qui les dis-fipent fans aucune œconomie, foit à la fuite des procès, foit en dépenfes de fafte, ou en des repas fomptueux qui fe font aux dépens de la communauté.

S'il y a des réglemens rigoureux & gê-nans à faire obferver, ce n'eft que contre ·les pauvres maîtres qu'on veille à leur exé-cution, ou contre ceux qui ne briguent

pas l'honneur de passer par les charges.
Car ce n'eſt que pour ſe tirer de la vexa-
tion qu'on ſe détermine à ſe mettre ſur les
rangs. Or, comme cet honneur coûte,
parce qu'en entrant en charge il faut quelquefois faire des avances à la communauté,
donner des repas aux jurés actuels, & aux
ex-jurés, ceux qui y parviennent ſe cro-
yent en droit de ſe rédimer de façon ou
d'autre; ils s'exemptent de toute contrainte & contribution, & attirent à eux des
avantages qui ne devroient être employés
qu'au bien général de la communauté. On
ne cherche qu'à recevoir de nouveaux
maîtres parce qu'il y a de nouveaux droits
à percevoir. On s'inquiette peu s'ils ſont
capables pourvu qu'ils aient de l'argent.
On n'examine point ſi le nombre n'en eſt
pas déja trop grand, & s'il y a des maîtres
habiles qui ſont pourtant miſérables faute
d'occupation. N'importe: le grand objet
de ceux qui ſont en charge eſt rempli, ils
y profitent, cela leur ſuffit.

Ces abus ſont pourtant d'une dangereuſe
conſéquence pour l'Etat; au préjudice de
l'agriculture on attire inutilement une infinité de gens dans les profeſſions méchaniques. Puis ces gens après avoir payé leur
maîtriſe & fait un établiſſement ſont ſouvent
un tems conſidérable ſans rien gagner, faute de pratique ou parce que le nombre des
maîtres eſt trop grand. Cependant il faut
vivre, ils dépenſent donc le peu de bien qui
leur reſte, & tombent dans une miſere dont

ils ne peuvent plus fe tirer : qu'il leur fur-
vienne une famille quelquefois nombreufe,
elle acheve de les ruïner. Ils avoient déjà de
la peine à vivre, où trouveront-ils un furcroît d'ouvrage & de gain pour la faire fubfifter ?

L'origine de tous ces maux qui ne font
que trop fréquents, vient de ce que la quantité des maîtres furpaffe le nombre qu'il en
faudroit pour fuffire à la confommation ordinaire de leurs ouvrages. Confultez des
gens de toutes les profeffions, ils vous di-
ront chacun en particulier que leur communauté eft trop nombreufe de la moitié, &
que les membres fe nuifent les uns aux autres. Malgré cela on en reçoit tous les jours
de nouveaux. La police, loin de mettre un
frein à ces abus, refte indifférente & laiffe
aller les chofes le même train. Trop bornée à l'enceinte des villes elle ne veut pas
étendre fes vues plus loin, & fentir que
ce qui a en apparence une certaine utilité
pour un lieu particulier, eft fouvent préjudiciable au tout. Elle eft buttée à ce
fiftême, que plus le nombre des artifans
s'accroît, plus les ouvrages de main d'œuvre feront à jufte prix. Cette maxime qui
eft vraie jufqu'à un certain point ne doit pas
être portée à un excès par qui elle deviendroit extrêmement abufive. Il ne faut pas
fans doute que le trop petit nombre d'artifans en chaque genre puiffe fe prévaloir de
la néceffité de leurs ouvrages pour rançon-
ner le public & exiger des prix arbitraires;

mais faut-il auffi que des gens qui par leur travail contribuent au bien du commerce & par conféquent à celui de l'Etat, chacun dans fa fphere, foient dans la mifere & hors d'état de vivre. Ils donnent leur temps leurs talens & leur peine, eft-ce trop de la fubfiftance pour leur falaire? S'ils font néanmoins en trop grand nombre ils mourront de faim & de mifere. S'ils ne travaillent plus, ils mourront de faim, leur travail étant leur feul gagne-pain. S'ils travaillent, ils mourront encore de faim, n'ayant pas de débit.

Il ne faut pas s'imaginer que ne pouvant vivre de leur métier ils en prendront un autre : un homme qui a acquis la maîtrife dans une ville languit & refte oifif s'il n'a point d'ouvrage, & fe détermineroit plutôt à mendier qu'à changer de profeffion.

Voilà donc des bras inutiles au bien général, & qui auroient pu s'employer ailleurs d'une maniere plus avantageufe, fans cette facilité que l'on a à recevoir de nouveaux maîtres quoique le nombre excede déjà la confommation des ouvrages.

Il arrive de-là que l'on voit fur-tout dans Paris quantité de maîtres qui quoiqu'établis font obligés, faute d'ouvrage pour eux, de travailler dans leurs boutiques pour d'autres maîtres qui leur en fournisfent; & à peine peuvent ils foutenir une vie miférable, parce que ce qui leur auroit fuffi s'ils fuffent reftés compagnons, n'eft pas fuffifant pour l'entretien d'une famille entiere & payer un loyer qui abforbe déja une bonne partie du fruit de leurs peines.

Tous ces abus dérangent à coup fûr le bon ordre & démontrent que les maximes les meilleures & les plus faines ont un certain degré d'extenfion au-delà duquel elles deviennent auffi mauvaifes qu'elles font bonnes quand on les referre dans de juftes bornes. Voilà à quoi on ne fait pas affez d'attention : cependant cela porte coup à la population & à l'agriculture. La mifere où ces familles font réduites les met hors d'état d'élever leurs enfans. S'ils fuffent demeurés garçons (ce qu'on appelle compagnons) ils auroient toujours trouvé de l'occupation, foit dans une ville ou dans une autre. Le nombre de ceux-ci étant confidérable & fuffifant, on ne verroit pas des jeunes gens de campagne quitter leur païs pour fe mettre en apprentiffage dont des métiers où il y a déjà des furnuméraires.

Les enfans des compagnons refteroient compagnons comme eux, au-lieu que les fils de maîtres fe croiroient dégradés s'ils étoient obligés de redefcendre. Cette raifon tirée de la vanité & de l'amour de la gloire naturel à la nation, eft caufe qu'ils cherchent à entrer dans d'autres états fupérieurs à celui de leurs peres; mais comme c'eft la fortune, & rarement leurs talens, qui les y détermine, la plus grande partie refte en chemin & ne parvient à rien. Sans état, fans métier, fans talens, ils me-

nent une vie, pour le moins oiſive. Voilà
le fruit de tous ces abus: on ſentira, pour
peu que l'on veuille examiner les choſes
avec un eſprit patriotique, que l'Etat en reçoit indubitablement un préjudice conſidérable.

CHAPITRE II.

*Projet pour ériger en charges tous les corps
d'artiſans, & de marchands, & pour en
fixer le nombre à perpétuité, ſelon le beſoin
de chaque ville & de chaque lieu.*

L'idée de réduire en charge toutes les
maſtriſes n'eſt pas nouvelle, & je ſais qu'elle a déja été propoſée pluſieurs fois; auſſi
ne la donnons-nous pas comme telle. Si
juſqu'à préſent cette propoſition a été rejet-
tée auſſitôt que formée, c'eſt que ceux qui
ont fait le projet ne s'en promettoient d'autre avantage, que de préſenter au Roi dans
les tems de néceſſité une reſſource pour tirer de ſes ſujets une finance conſidérable
dans toute l'étendue du royaume. Or comme le bien des ſujets n'étoit pas le mobile
qui faiſoit agir alors, & que d'ailleurs les
beſoins de l'Etat n'ont jamais été aſſés pres-
ſans pour recourir à une telle méthode, je
ne ſuis pas ſurpris qu'on n'y ait point eu d'é-
gard. Mais comme c'eſt l'utilité du commerce & de l'agriculture, & encore plus

l'accroiſſement de la population dans l'Etat,
que nous enviſageons, plutôt que le produit en argent qui reviendroit au Roi de la
vente des charges que nous avons en vue,
nous oſons avancer que rien ne pourroit
produire un ſi bon effet qu'un pareil arrangement. Nous allons tâcher de le prouver, & nous nous flattons de porter cette
vérité juſqu'à la démonſtration.

Si toutes les maîtriſes des profeſſions
méchaniques & marchandes étoient érigées
en charges comme les offices de magiſtrature, ou, pour nous rapprocher de notre
objet, comme ſont à préſent à Paris les
charges de perruquiers ; ſi on en fixoit à
jamais le nombre & qu'il fût réduit à la
quantité néceſſaire & ſuffiſante pour le ſervice du public, ſans qu'il fût poſſible ſous
quelque prétexte que ce fût de créer de
nouvelles charges ni d'en augmenter le
nombre, il arriveroit que les marchands
& les artiſans en acquérant de ces charges ou offices auroient un état plus fixe
& plus avantageux pour eux & leur famille. On ne verroit plus les maîtriſes
ſe multiplier au préjudice des membres
d'une communauté. Tous auroient de l'occupation, & feroient mieux leurs affaires,
parce que leur nombre n'excéderoit pas
le débit que chacun peut faire dans ſa
profeſſion.

Il faudroit pourtant dans ce cas pour
éviter la confuſion & l'injuſtice, que dès le
moment de la création des charges, les

endroits privilégiés fuſſent abolis, & qu'aucuns ouvriers ne puſſent y travailler ſans
qualité & ſans acquérir une charge. On ſent
bien que les ſeigneurs, & communautés &
autres qui jouïſſent de ces privileges auroient alors quelque raiſon de ſe plaindre.
Mais le Roi qui toucheroit la finance de
ces charges, ſeroit en état de les dédommager en faiſant quelques arrangemens
avec eux.

Il faudroit de plus que cette création des
maîtriſes en charges regardât tout le royaume & qu'aucun endroit n'en fût exempté,
pas même les villages, où il faut néceſſairement des artiſans ſur-tout dans les métiers qui ſervent à faire les uſtenciles propres au labourage & à l'agriculture.

Je conviens que notre projet heurte de
front le préjugé où ſont bien des gens, que
la liberté doit être maintenue par-tout &
même dans les profeſſions méchaniques. Si
cette liberté ne conſerve que le prix des
ouvrages, je ſuis de même avis qu'eux. Je
conviens que cette liberté eſt néceſſaire
pour l'augmentation & la perfection des
arts ; mais à l'égard du bon ordre & de la
police qui doivent régner dans toutes les
claſſes du peuple afin d'y maintenir l'action
& l'harmonie, je ſoutiens que les peuples
ont beſoin d'être conduits, & qu'on ne peut
trop les reſtraindre par des loix & des réglemens ſages qui tendent à l'utilité générale de l'Etat, & à l'utilité particuliere de
chacune de ſes parties.

Nous

Nous avons déja fait remarquer plus haut que la grande facilité avec laquelle les jurés en charge de chaque communauté reçoivent de nouveaux maîtres, malgré le grand nombre où ils font déja montés, nuifoit non feulement aux anciens maîtres déja reçus; mais encore qu'en engageant mal à propos des familles dans un noúvel état où elles ne trouveroient pas des reffour-ces fuffifantes pour vivre, c'étoit autant de fujets précieux qu'on enlevoit à d'au-tres profeffions plus importantes.

Si les maîtrifes étoient une fois réduites en charges, & que le nombre en fût fixé, ceux qui auroient l'ambition d'acquérir de ces charges auroient trois chofes à faire pour y parvenir : 1°. de trouver la finance né-ceffaire pour cette acquifition; 2°. d'attendre qu'il y eût une charge vacante & à vendre; 3°. enfin de s'affurer de l'agrément des jurés en faifant devant eux preuve de leur capa-cité pour la bien remplir. Suppofons qu'il n'en coûtât d'abord pour ces charges qu'au-tant d'argent qu'il en coûte actuellement pour fe faire recevoir à la maîtrife; ce fond qu'on payeroit ne feroit point un ar-gent perdu comme eft celui qu'on donne pour la maîtrife.

Quand un maître vient à mourir, fon droit & fon argent font morts pour fes hé-ritiers; au contraire la charge pourroit fe vendre & faire un fond pour les héritiers ou même pour le titulaire; car il lui feroit libre d'en difpofer à prix d'argent ou autrement en faveur d'un autre particulier de la même profession. Ainsi l'argent rentreroit quand on le voudroit, souvent même avec bénéfice : car il arrive presque toujours que les charges à mesure qu'on s'éloigne du tems de leur création se revendent plus qu'on ne les a achetées. Ces charges seront donc un bien pour les maîtres ; ce sera un effet solide qu'ils laisseront à leurs veuves, à leurs enfans ou à ceux quelconques qui seront leurs héritiers.

Si les maîtres en charge font des entreprises pour lesquelles ils aient besoin de quelques avances, à fin de leur en faciliter l'exécution, le public se prêtera plus volontiers à les aider, parce qu'il trouvera ses suretés sur la charge même qui rendra l'ouvrier plus solvable.

- D'un autre côté les ouvriers par ce moyen deviendront plus fixes & plus stables: la charge étant attachée à un certain endroit, le possesseur ne pourra pas la transporter ailleurs. Si par hazard il lui prenoit envie de changer de pays, il seroit obligé de la revendre à un autre qui viendroit l'occuper à sa place. Ainsi on feroit toujours sûr d'avoir dans un pays le même nombre d'ouvriers, de marchands & d'artisans ; au-lieu que dans l'état actuel où sont les choses il arrive souvent ou que des marchands, artisans, ou autres établis dans de petits endroits, mourant ou allant s'établir ailleurs, ne font point remplacés, ce qui fait du tort au pays ; ou que d'autres venant s'y établir de nouveau, en augmentent le nombre déja affez grand, & portent préjudice à ceux qui y étoient avant eux.

Notre fyftème pareroit à tous ces inconvéniens. Cette permiffion de travailler étant une charge, dans quelque profeffion que ce puiffe être, on trouvera facilement à la vendre en cas de befoin : elle fera même recherchée ; par conféquent, elle fera toujours occupée, & le public fe trouvera fervi également.

Je crois avoir prouvé que cet établiffement eft à l'avantage de ceux qui veulent entrer dans quelques profeffions. Ceux auffi qui font actuellement reçus, & qui, par le nouvel arrangement, feront obligés d'acheter une charge, n'auront aucune raifon de s'en plaindre. Il eft vrai que c'eft une avance qu'ils ont à faire ; mais 1°. c'eft un fond qu'ils acquierent puifque ces charges paiferont des titulaires à leurs héritiers. 2°. fi cette avance paroît du premier abord leur porter préjudice en ce que cet argent ne leur rapportera aucun intérêt, ils en feront bien amplement dédommagés par une augmentation de travail. Car les charges étant en plus petit nombre que celui des maîtres actuels, ceux qui faute de charge n'auront plus la liberté de travailler, abandonneront leurs pratiques, qui feront reparties fur les maîtres en charge, & les auront bientôt dédommagés avec ufure. Leur commerce deviendra plus fort & leur gain plus confidérable.

A l'égard des maîtres pauvres & indigens qui par eux-mêmes n'auront pas affez de facultés pour acheter, ils trouveront facilement le moyen d'en emprunter la finance, d'autant plus que la charge répondra du payement. Si au contraire par un défaut de talens & de bonne conduite, ils n'ont pas acquis affez de crédit pour qu'on prête cette finance, tant pis pour eux, ils en feront exclus; le mal ne fera pas grand pour l'Etat. Au refte ils feront leur métier en qualité d'ouvriers compagnons chez les maîtres en charge. S'ils ont du talent, ils ne manqueront pas d'ouvrage. Mais s'ils n'en ont pas je ne penfe pas qu'il foient néceffaires dans une profeffion qu'ils ignorent. Alors la néceffité de travailler pour gagner leur vie, leur fera prendre un autre parti quel qu'il foit.

Il me femble que ce projet ne préfente, de quelque côté qu'on l'envifage, que des avantages évidens pour les maîtres de chaque profeffion, & pour leurs familles, comme nous le ferons voir plus particulierement dans la fuite. Tout leur eft favorable, puifque ces charges feront pour eux des biens ftables, permanents & héréditaires.

Le public en fera fervi plus fidélement par des gens qui outre leurs meubles & effets particuliers auront une charge qui les rendra plus folvables, & pourra répon-

dre de leurs ouvrages au cas qu'ils ne fuffent pas faits conformément aux regles &
aux ſtatuts de chaque profeſſion.

L'Etat y trouvera auſſi un avantage conſidérable en ce que le nombre des marchands & des artiſans étant borné par - tout,
les gens de la campagne ſeront moins tentés d'abandonner leur profeſſion, lorſqu'ils ne trouveront plus autant de facilité
qu'à préſent pour paſſer à l'état d'artiſant.
Il arrivera même que les enfans de maître
rempliront preſque toutes les charges, ſoit
celles qui leur appartiendra du côté de
leur pere, ou d'autres encore s'ils ſe trouvent pluſieurs enfans dans la même maiſon.
Car il y aura une loi qui donnera dans le
cas de concurrance la préférence aux fils
de maître ſur ceux qui ne le ſeront pas.
Voilà à mon avis des moyens ſûrs pour en
retenir la plus grande partie dans l'état où
ils ſont nés, & les empêcher en quelque
ſorte de quitter la profeſſion de leurs peres.

Après avoir juſtifié nos motifs par l'utilité qu'il en réſultera pour le bien général
de l'Etat & pour celui des particuliers,
paſſons à l'examen des avantages que le
Roi en retirera par rapport à la finance de
ces charges: & tâchons de donner la maniere d'en faire une fixation équitable
dans chaque profeſſion généralement pour
tous les lieux & les pays du royaume.
Nous nous propoſons enſuite d'indiquer
quelques nouveaux Réglemens pour maintenir le bon ordre dans les communautés

& favoriſer toujours les maîtres en charge
& leur famille, en leur faiſant trouver des
douceurs dans leur état & le leur rendant
le plus agréable qu'il eſt poſſible, afin que
leurs enfans s'y ſentent attachés plus fortement & ne cherchent point par caprice
à en préférer d'autres.

* *

CHAPITRE III.

Moyens de taxer par une ſeule & même métho-
de les charges des différentes profeſſions ſoit
méchaniques ou marchandes, de la maniere la
plus égale & la plus juſte qu'il ſoit poſſible.

Je me ſuis déja déclaré & je le répete
encore : ſi je propoſe dériger en charge
les maîtriſes dans les différentes profeſſions,
ce n'eſt point dans la vue d'en tirer une
finance conſidérable au profit du Roi. Mon
motif eſt plus noble ; c'eſt le bien du
corps des marchands & des artiſans, qui
m'anime ; c'eſt le plus grand bien de l'a-
griculture & du commerce ; c'eſt le déſir
de rendre les maîtriſes ſtables & perma-
nentes ; c'eſt celui d'économiſer le peuple, s'il eſt permis de s'exprimer ainſi, &
de faire en ſorte qu'il ni en ait d'occupé
dans chaque profeſſion que le nombre précis que requierent les beſoins du public &
la conſommation des ouvrages en tout
genre : par une ſuite néceſſaire il en reſte-

ra d'avantage pour exercer le labourage & pour fervir dans les armées de terre & de mer. Ajoutez à tout cela que le nombre des maîtres étant, par ce moyen, fixé dans chaque vacation, ils en feront plus en état de faire un profit honnête & d'élever convenablement leur famille. Voilà les vues que je me propofe. C'eft au lecteur à juger fi elles font légitimes.

Il eft de principe que quand on veut introduire de nouveaux ufages ou réformer les anciens, on doit toujours envifager le bien général de l'Etat & en même tems celui des particuliers; mais il ne faut pas que les vues particulieres d'intérêt en foient le principal motif. Cependant il y a bien des établiffemens où ce dernier intérêt fe rencontre & fait partie de la chofe même. Pour lors il ne faut pas le négliger; d'autant plus que la finance qui dans ces occafions revient au Roi tourne toujours au profit de l'Etat, en ce qu'elle met le fouverain en fituation de pouvoir foulager fon peuple foit en diminuant les impôts d'un autre côté, foit de quelqu'autre maniere.

Tel eft précifément le cas dans lequel nous nous trouverions aujourd'hui fi mon projet étoit goûté. En effet, s'il plaifoit au Roi d'ériger les maîtrifes en charges, qui dans la fuite devinffent des biens permanens pour les héritiers de ceux qui les acheteront, il faudra de toute néceffité en taxer le prix & en déterminer le nombre. Ce prix devra être affez modique pour donner aux marchands & artifans un peu aifés, la facilité d'acquérir ces charges; mais quelque modique qu'il foit, il formera pourtant dans toute l'étendue du royaume un capital très confidérable au moyen duquel le Roi pourra foulager fon peuple, ou l'employer à diminuer une partie des dettes de l'État.

Pour parvenir à faire une fixation jufte & équitable de ces charges, il eft bon de confidérer que les marchands de Paris ne doivent pas être taxés comme ceux des autres villes & des campagnes; que les uns & les autres doivent payer une taxe différente de celle des ouvriers; & que celle même des ouvriers ne doit pas être égale dans les différentes professions, foit à Paris ou dans le refte du royaume. Une taxe arbitraire feroit néceffairement injufte, parce qu'infailliblement les uns feroient taxés trop haut, tandis que d'autres ne le feroient pas affez. Il falloit donc trouver une regle qui pût fuffire à tous les cas, & qui fût fi exacte, que les différents maîtres fuffent en état de fe taxer pour ainfi dire eux-mêmes. Or je crois l'avoir rencontrée; & la voici.

Je fuis perfuadé que pour mettre à toutes les charges de marchands & d'artifans, un prix proportionné aux facultés de ceux qui feront dans le cas de les acquérir, & qui en même tems réponde aux différens gains qu'on peut faire dans chaque vacation, il faut l'évaluer à une partie du travail d'un bon ouvrier dans chaque profession, par exemple à la valeur du travail de six mois, ou de 150 journées. Prenons pour exemple la profession de menuisier à Paris.

La journée d'un bon ouvrier dans ce genre est d'environ cinquante sols: ce qui fait pour cent cinquante jour ou le travail de 6 mois la somme de trois cens soixante quinze livres à laquelle seront fixées les charges de maître - menuisier à Paris.

Il en sera de même des autres métiers & professions; si on y gagne moins, la taxe sera moins forte. Ainsi soit à Paris soit dans les autres villes ou même dans les campagnes, le prix étant taxé suivant cette regle proportionnelle au gain qu'on y peut faire, personne n'aura lieu de se plaindre, & tout le monde se trouvera traité d'une maniere égale.

Je ne crois pas que cette taxe paroisse trop forte; d'autant plus qu'il en coûte actuellement davantage pour acquérir une maîtrise qui se perd à la mort du titulaire, & qu'ici ce sera un fond placé dont le prix retournera à la famille par la vente de la charge.

D'ailleurs la proportion se trouve exactement combinée avec la force du commerce de chaque endroit, & la quantité d'ouvrages que les maîtres auront à faire. Ainsi comme il y a bien des endroits où la journée du même ouvrier que j'ai évaluée ci-deſſus à 50 ſols, n'eſt payée que ſur le pied de 17 ou 18 ſols, parce que les denrées y ſont à proportion moins cheres qu'à Paris, & que le commerce n'y eſt pas ſi floriſſant, la charge de menuiſier qui dans Paris coûtera 375 liv. ne coûtera tout au plus, dans les provinces éloignées, que 135 liv. Par là il ſera auſſi facile aux uns & aux autres de ces maîtres de donner la finance à laquelle leurs charges ſe trouveront taxées.

On ne prévoit pas qu'aucuns des maîtres actuellement établis, faſſent la moindre difficulté d'avancer ces ſommes pour ſe procurer un état ſtable & conſtant, dans lequel il n'aura plus à craindre le trop grand nombre de concurrens.

Ne peut-on pas auſſi aſſurer que dans un court eſpace de dix années les charges qui auront coûté à Paris 375 liv. & 135 liv. dans les provinces plus éloignées du centre du commerce, augmenteront conſidérablement, ſeront même portées preſque au double de ce prix? Car le nombre des maîtres, ainſi que les charges étant fixé à une certaine quantité, telle qu'il la faut pour que tous puiſſent avoir aſſez d'occupation, il arrivera bientôt que les places ou charges ſeront très recherchées.

Il n'en faut pas d'autre exemple que celui des places de perruquier, qui ſont depuis longtems érigées en charge à Paris. Ces charges n'ont coûté dans le tems de leur création qu'une ſomme très modique, & elles valent actuellement près de trois mille livres: il y a au plus 20 ans qu'on pouvoit en acheter moyenant deux mille livres. Cependant il y a un grand nombre d'endroits privilégiés dans Paris où se logent une infinité d'ouvriers qui y travaillent sans qualité & font tort aux autres maîtres titulaires des charges. C'est un abus très grand & qu'il faudroit abolir, afin d'établir tout d'un coup un bon ordre, sauf au Roi, comme on la dit plus haut, de s'arranger avec les princes & seigneurs qui jouissent de ces privileges & de les imdemniser de cette abolition.

Le lecteur observera que je ne fais payer que la moitié du travail d'une année pour les charges des professions qui sont de nécessité. Il ne seroit pas juste de traiter aussi favorablement celles qui sont uniquement consacrées au luxe & à l'ornement, telles sont les professions d'orfevres, bijoutiers, & une infinité d'autres de cette espece dont on feroit une liste exacte. Or ceux-là payeroient le double des autres, c'est-à-dire qu'ils seroient taxés à la valeur d'une année du travail d'un ouvrier habile. Comme ces professions sont fort lucratives, les maîtrises en seroient cheres en comparaison des autres qui sont de nécessité. Car si un garçon bijoutier habile gagne quatre livres par jour à Paris, cela feroit monter le prix de la charge à douze cens livres. Cette fixation, quoique haute, feroit pourtant une finance modique.

A l'égard des différentes fortes de marchands, on peut diftinguer aufli le commerce de luxe du commerce de néceffité; ceux qui font le premier feroient pareillement taxés au double des autres. Mais comme cette taxe ne peut pas fe fixer aufli commodément que celle des profeffions qui font fufceptibles du prix des journées d'ouvriers, il faudra pour y réuffir, établir une jufte balance du profit que peut faire pendant fix mois un marchand qui aura vingt mille livres de fonds employé dans fon commerce: ce qui eft à peu près un milieu proportionnel à Paris dans beaucoup de branches de commerce. Suppofons donc qu'un tel marchand gagne 2000 liv. dans l'espace de 6 mois, ce qui n'eft pas, je crois, évalué trop haut, fa charge coûtera donc deux mille livres, fi fon commerce eft de marchandifes néceffaires. S'il ne commerce qu'en effets de luxe, purement tel, il lui en coûtera le double pour fa charge.

On proportionnera de même la taxe des charges eu égard à l'étendue des fonds employés dans le trafic & au gain que chaque particulier doit raifonnablement y faire foit à Paris ou ailleurs. Les taxes ainfi reglées & une fois payées, ce fera pour toujours, & les charges augmenteront fûrement de valeur avec le tems. Si actuellement les charges de perruquiers font portées à trois mille livres, à combien ne monteront point par exemple celles de marchand mercier à Paris dans l'efpace de 20 ans?

Il eft encore effentiel d'obferver que pour un vil intérêt qui peut revenir de plus pour la finance des charges, on n'en doit pas multiplier le nombre au de-là de la jufte proportion qu'on doit garder dans chaque lieu. Car un des premiers motifs de notre projet, c'eft d'obvier au trop grand nombre des maîtres; or de multiplier les charges ce feroit aller contre le bien général du public, & commencer par fonder des abus en établiffant un projet qui eft fait pour les détruire. De quel poids peut être ce foible intérêt contre le bon ordre & la jufte proportion qu'il eft queftion de mettre & qui doit toujours régner parmi les gens qui prennent le parti des arts, du commerce & de l'agriculture, proportion qui eft d'une importance effentielle pour l'Etat.

CHAPITRE IV.

Quels feroient les avantages que le Roi retireroit en érigeant en charges les Maîtrifes dans toutes les branches du commerce, & des arts & métiers.

En fuppofant que le Roi fe déterminât à exécuter le projet que nous propofons, & qu'en conféquence il rendît un Edit de

création d'un certain nombre de charges;
dans chaque profession marchande ou méchanique, dont la finance seroit reglée,
comme nous l'avons dit, sur le pied de
la valeur de six mois de travail d'un ouvrier habile, soit dans Paris ou dans les
Villes & Bourgs des Provinces & même
dans les villages, il faudroit donner au
peuple les facilités nécessaires pour en
faire l'acquisition, en peu de tems. C'est
pourquoi il seroit à propos dans l'Edit de
création après avoir fixé la valeur & le
nombre des charges, de statuer:

1°. Que dans le commerce & les arts qui
ne servent qu'au luxe & à l'ornement les
charges seroient vendues le double des
autres, c'est-à-dire sur le pied du travail
d'un an d'un ouvrier habile.

2°. Que si le commerce ou le métier se
trouvoit en partie de nécessité & en partie
de luxe les charges coûteroient la valeur
de 9 mois du travail d'un bon ouvrier.

3°. Que pendant l'espace de six mois à
compter de la date de l'Edit de création,
il n'y auroit que les maîtres déja reçus qui
seroient admis à acquérir ces charges, afin
que du moins ils eussent la préférence sur
tous les autres comme il est juste, & que
pendant ce tems, ils pussent à loisir se
procurer l'argent nécessaire pour en payer
la finance.

4°. Qu'après les six mois expirés, si les
charges ne sont pas toutes levées par les
maîtres, il n'y aura plus de préférence, &

que les ouvriers compagnons de la même
profession feront reçus à acquérir les charges restantes concurremment avec les maîtres qui auroit négligé de s'en pourvoir,
bien entendu que les dits compagnons feront preuve de leur capacité par devant
les jurés & commissaires qui feront nommés à cet effet, & qu'ils en rapporteront
un certificat autentique.

5°. Que trois mois après que les charges
se trouveront remplies, il fera défendu à
quiconque ne fera pas pourvu de charge,
de travailler pour fon compte de quelque
façon & en quelque endroit que ce puisse
être, fous peine de faisie de leurs ouvrages & outils & d'une amende; & en cas
de récidive fous peine en outre de trois
mois de prison & d'un bannissement pour
trois ans de l'endroit où ils auront en-
fraint les défences portées par l'Edit.

Je fuis perfuadé qu'en prenant ces précautions & tenant la main à l'exécution,
la finance générale de toutes ces maîtrises
entreroit en moins d'un an dans les coffres
du Roi, & que tout feroit bien en regle
dans toute l'étendue du royaume. Car,
comme il y aura beaucoup moins de charges à remplir qu'il n'y a maintenant de
maîtres dans chaque communauté; il n'y
en a aucun qui ne fe preffât & ne fît les
derniers efforts pour ne point fe trouver
fans charge, & dans le nombre il s'en trouveroit plus qu'il n'en faut pour les lever
avant l'expiration du terme.

A l'égard de ceux qui feroient hors d'état d'acquérir ces charges, il n'y a point de difficulté : il faudroit quils se déterminassent ou à travailler chez les autres maîtres en qualité de compagnons, ou à aller dans les autres villes lever des charges à meilleur compte.

Enfin les ouvriers qui travaillent dans les campagnes & qui n'auroient pas le moyen d'acheter une charge travailleroient chez les maîtres, ou bien ils s'adonneroient à l'agriculture, eux & leur famille. Voilà le pis qui pourroit arriver; & ce pis seroit avantageux à l'Etat, au commerce, & à la population : par là nos motifs se trouveroient remplis dans leur entier. Les commerçans & les artisans étant en plus petit nombre, travailleroient plus, gagneroient davantage & seroient en état de mieux élever leur famille. On ne verroit plus le petit peuple craindre d'avoir un trop grand nombre d'enfans, & la population augmenteroit.

La quantité d'ouvriers qui se trouveroit de trop dans chaque profession, seroit autant de sujets rendus à la culture des terres & aux travaux de la campagne. La terre mieux cultivée produiroit davantage. Le commerce en deviendroit plus fort, le prix des denrées diminueroit; on verroit moins de misere dans le bas peuple; & par conséquent le nombre des sujets s'accroîtroit à vue d'œil.

Mais en même tems que tous ces biens
ré-

réfulteroient de l'exécution de notre projet, le Roi en tireroit une reffource confidérable qui fans être à charge à perfonne
feroit un bien infini à l'Etat. Il feroit très
difficile de déterminer au jufte à quoi
pourroit monter la finance de toutes ces
charges ; mais à vue d'œil on apperçoit
par la grande étendue du royaume & par
le nombre extrêmement confidérable des
différentes branches du commerce & des
divers arts & métiers, que cela produiroit
un argent immenfe. Tâchons pourtant du
moins autant qu'il eft poffible, d'eftimer à
peu près ce produit; on fent que ce ne
peut être qu'en gros & par une approximation bien imparfaite.

On compte communément dans Paris
environ trois cens corps de métiers ou de
communautés de marchands & artifans.
Entre ces communautés, il y en a beaucoup de fort nombreufes. Les charges de
perruquiers font au nombre de plus de 800.
On eftime les marchands de vin à près de
1200. Il y a plus de 500 boulangers à Paris; enfin on compte une infinité de profeffions où il y a une très grande quantité
de maîtres; il eft vrai qu'il y en a beaucoup auffi qui font peu nombreufes; cependant il n'y en a guere au deffous de
100 maîtres. Or en prenant un jufte milieu on pourroit peut-être les eftimer à 400
maîtres par chaque profeffion; mais pour
mettre les chofes au plus bas, ne les
comptons qu'à raifon de 250 maîtres pour

Tome I.   H

chaque communauté: ce sera pour les trois cens corps un nombre de 75 mille maîtrises ou charges à vendre dans Paris seul. Mais comme nous avons déja remarqué que le nombre des maîtres est trop grand, & qu'ils se nuisent les uns aux autres, supposons encore que pour leur faciliter à tous les moyens de s'occuper fructueusement, on les réduise à 40 mille. On voit que dans ce calcul nous n'avons pas compris les ouvriers établis dans les lieux privilégiés dont il y a une quantité considérable & que nous supprimons. Il y aura donc du moins 40 mille charges à vendre dans la capitale seulement.

On a toujours évalué le peuple de Paris à un vingtieme de toute la France; mais ici nous nous contenterons pour de bonnes raisons de l'estimer au septieme; on peut donc sans exagerer, présumer que le nombre des charges monteroit à six ou sept fois autant qu'à Paris. Si on trouve dans les provinces moins de professions de luxe & d'ornement; il y en a beaucoup plus de celles qui sont indispensablement nécessaires au labourage & autres besoins, de sorte que tout bien examiné le nombre général des charges qui comprendront toutes les sortes de marchands & artisants, même la chirurgie & la peinture commune pourront monter au moins à 240 mille. Je ne crains pas qu'on me soupçonne d'en exagérer le nombre. Je suis persuadé au contraire qu'il est de plus d'un tiers au dessous du véritable, qui se trouve actuellement dans le royaume.

Cela posé faisons aussi par approximation le calcul du prix commun auquel ces charges pourront être taxées les unes dans les autres. Il n'est pas douteux qu'il y en aura un très grand nombre, sur-tout parmi les commerçans, qui iront à plus de 1000 livres, ainsi que dans les professions de luxe & d'ornement, sur-tout à Paris & dans les grandes villes. Il y en aura beaucoup aussi qui seront fixées à une somme moindre que 200 livres. On peut donc prendre une moyenne proportionnelle entre ces extrêmes; ce seroit six cens livres: mais pour procéder à cet égard de même que nous avons fait pour la fixation du nombre, nous pouvons hardiment les évaluer toutes à 300 liv. du fort au foible; sans crainte qu'on nous accuse de les porter à un prix trop haut.

Ainsi les 240 mille charges créées par cet Edit & évaluées à 300 liv. de finance pour chacune, formeroient un capital d'environ 72 millions que le Roi pourroit employer au soulagement de ses peuples ou à l'acquit des dettes de l'Etat. Cette somme me paroît assez considérable pour mériter une sérieuse attention, & je ne pense pas que depuis longtems on ait proposé pour tirer une telle somme, un moyen aussi facile & qui soit en même tems plus utile & plus du goût du peuple. Car ce n'est point un impôt à lever sur les peu-

ples; c'eſt un fond que les marchands &
artiſans placeront à un intérêt plus certain
que s'il rapportoit 10 pour 100 ſur les
biens les plus ſolides. C'eſt en même
tems travailler au bien général de l'Etat,
que de donner à toutes les profeſſions un
Etat fixe en mettant des bornes capables
d'arrêter la trop grande quantité de gens
qui s'y jettent mal-à-propos & au préjudice de ces mêmes profeſſions & de celles
qu'ils abandonnent.

Le miniſtere eſt éclairé & prudent. Il
fera à cet égard ce que ſa ſageſſe lui pref-
crira. Mais le public judicieux ſentira
toute l'importance de ces vues. Je ne ſerois pas ſurpris même que les corps de
marchands & les communautés après avoir
bien conſulté leurs propres intérêts ne ſol-
licitaſſent eux-mêmes l'exécution d'un pareil projet, & ne demandaſſent qu'on érige
les maîtriſes en charges. La Cour ne pourroit alors ſe refuſer à une telle ſolli-
citation.

Il ſuffiroit que quelqu'une commençât à
ouvrir le chemin, toutes les autres ne tarderoient pas à ſuivre un ſi bon exemple;
& la choſe deviendroit générale pour tout
le royaume.

Nous allons continuer à développer les
moyens de rendre les corps de métiers &
de marchands plus brillans, par les réglemens & le bon ordre que nous allons propoſer. Le lecteur y trouvera des points de
vue politiques qui étendront de plus en

plus les facultés de procurer à l'Etat une population très abondante, & d'écarter tout ce qui occasionne les desordres & l'indigence parmi le petit peuple.

* * *

CHAPITRE V.

Réglemens proposés au sujet des charges dans les professions artisannes & marchandes.

Ce ne seroit point assez d'avoir érigé en charges les maîtrises des différentes professions artisannes & commerçantes & d'en avoir reglé & fixé le nombre; il faut encore qu'un légiflateur prudent qui veut réformer des usages abusifs, prenne tous les moyens possibles pour rendre ses nouvelles loix conformes à un plan général propre à réunir tous les états ensemble comme autant de rayons qui aboutissent à un centre commun qui est le bien du royaume. Nous nous sommes plaints d'abord que dans la situation où font actuellement les choses il s'est glissé de grands abus qui ont besoin d'être réformés; que les peuples se portent avec trop de facilité à passer d'une condition dans une autre plus relevée; que la classe des paysans par exemple s'entroduisoit non seulement dans celle des domestiques, mais aussi dans celles des gens de métiers, & désertoit de la sienne qui aujourd'hui est baissée étonnamment & manque de fujets, tandis que les autres en ont le double de ce qu'il leur en faudroit. Ces defordres dans l'État ne feroient qu'augmenter de plus en plus, fi on ne mettoit pas des bornes à cette ambition indifcrette de s'élever.

Le projet que nous avons propofé, c'eft-à-dire l'érection des maîtrifes en charges peut & doit corriger un peu ce mal, en fixant le nombre des artifans & des marchands dans le royaume; mais ce n'eft pas affez pour arrêter tout-à-fait les abus. Il pourroit arriver même que les Payfans n'en fuffent que plus tentés de fortir de leur état pour fe diftinguer de leurs femblables. Il faut donc leur donner en quelque forte des entraves pour les attacher à la profeffion de leurs peres; il faut réprimer la fureur qu'ils ont de faire apprendre à leurs enfans des métiers qui leur font abandonner les travaux de la campagne.

J'ai imaginé un moyen bien fimple de parvenir à cet objet. Il fuffiroit pour cela que dans l'Edit de création il fût dit expreffément que tous ceux qui ne feroient pas fils de maîtres poffedant des charges, dans quelque profeffion artifanne que ce foit, ne pourroient parvenir à une charge de la même profeffion, qu'en payant le double de la finance réglée pour les fils de maîtres, & que cet excédent du prix feroit un cafuel dévolu au Roi. Par ce moyen la loi en favorifant les enfans du corps écarteroit de la même claſſe tous ceux qui n'en feroient pas; & par une fuite qu'il eſt aifé de fentir, il arriveroit que prefque toutes les profeſſions fe recruteroient d'elles-mêmes, au lieu que dans l'uſage actuel où on ne fait prefque aucune diſtinction entre les enfans du corps & ceux qui lui font étrangers & fortent d'une autre profeſſion, le fils d'un payfan vient s'établir dans la ville, enleve aux fils de maîtres leurs pratiques & fe forme un établiſſement au préjudice de ceux qui par leur naiſſance & leur état auroient du pour le moins avoir la préférence fur lui: premier abus.

En s'élevant ainſi il laiſſe dans le métier de laboureur une place vacante qui ne peut plus être remplie parce que perſonne n'eſt tenté d'aller la remplir, en redescendant à un état au deſſous du fien: fecond abus.

Par le moyen que j'indique, ces deux abus fe trouveroient reformés en grande partie. Car dès que celui qui n'eſt pas fils de maître ne pourra faire l'acquiſition d'une charge qu'en payant le double de la finance, cette difficulté le rebutera, & lui fera prendre un autre parti.

Il feroit bon qu'il en fût de même des charges de judicature, & que ceux dont les peres n'ont pas poſſédé ces charges fuſſent obligés de payer le double. Ajoutez encore toutes les places de commis dans les fermes & dans les aides qui devroient

être érigées pareillement en charges &
taxées tant pour le prix que pour le
nombre.

Si ceux qui ne font pas enfans du corps
payoient ces places le double de leur prix
fixé, non feulement le Roi & le public
en feroient mieux fervis; mais toutes ces
profeffions fe recruteroient par elles-mêmes fans avoir befoin que très rarement
de prendre des fujets dans les autres claffes. L'artifan n'ambitionneroit plus de
mettre fon fils dans la pratique, dès qu'il
fauroit que les charges de robe feroient
pour lui du double plus cheres que pour
les autres. Pareillement s'il falloit pour
mettre fon fils dans des emplois payer
une finance plus forte, il aimeroit mieux
lui achêter une charge dans fon propre
corps. Ainfi cet artifan fe voyant arrêté
de toutes parts par un intérêt affez fenfible, il refteroit dans fon premier état &
continueroit de travailler, à moins qu'é-
tant devenu fort riche, il ne fût déter-
miné à quelque prix que ce pût être de
donner à fon fils un état fupérieur au fien.
Dans ce cas il feroit en état de le faire
& de s'y foutenir avec honneur.

Il feroit bien à fouhaiter que ce projet
pût avoir lieu pour toutes les charges du
royaume. On verroit bientôt combien
l'État tireroit d'avantages de ces efpeces
de barrieres établies pour contenir un peu
ceux qui, parce qu'ils fe fentent un peu
de bien, ont la manie de vouloir fortir
de leur condition.

Par exemple en fuppofant qu'une charge de confeiller au Parlement fut fixée à 60000 liv. pour le fils d'un confeiller; fi le fils d'un notaire ou d'un riche négociant étoit contraint de la payer 60000 liv. de plus, ce fils de notaire ou de riche marchand y regarderoit fans doute à deux fois, avant que d'en faire l'emplette.

Par là encore cette efpece de nobleffe fubalterne qui fe forme dans les charges, ne fe multiplieroit pas autant qu'elle le fait, & ne feroit plus comme à préfent une nouvelle charge pour l'Etat. Cette fureur d'entrer dans les charges fe ralentiroit plutôt, ou s'il y avoit des gens affez riches ou affez fous pour facrifier une fomme auffi confidérable & pour paffer outre, le Roi du moins en tireroit une finance affez confidérable qui l'aideroit beaucoup fans être à charge à fes peuples, puifque ce facrifice feroit volontaire.

Il n'eft pas douteux que dans la fuite les charges de robbe diminueroient de prix & perdroient de leur valeur actuelle, parce qu'il y auroit moins de gens en état d'en acquérir; mais au fond quel mal en réfulteroit-il? Il y auroit toujours parmi les enfans du corps affez de fujets pour les remplir. En tout cas s'il en venoit à vaquer, cet inconvénient eft fort petit en comparaifon du grand avantage qui reviendroit à l'Etat. Je ne prévois pas que l'on puiffe apporter des raifons folides pour combattre cette idée: car ce que je dis

H 5

des charges de conſeillers que je n'ai ci-
tées que pour exemple, doit s'appliquer
en général & ſans diſtinction à toutes
les grandes charges de l'Etat, qui ſont
vénales.

CHAPITRE VI.

*Comment il faudroit compoſer les communau-
tés tant de marchands que d'ouvriers, pour
qu'elles euſſent une quantité de maîtres en
état de ſoutenir les dépenſes communes.*

Dans l'état actuel où ſont les choſes,
les communautés d'artiſans & de marchands ſont trop diviſées. On en voit
beaucoup qui travaillent les mêmes matieres, font des ouvrages à peu près du
même genre, & cependant ne ſont pas
les mêmes. Peut-être a-t-on eu dans les
commencemens de bonnes raiſons pour
les morceler ainſi : mais il eſt arrivé que
ces profeſſions ainſi limitrophes les unes
des autres ont perpétuellement des procès
enſemble. Ces diſſentions nuiſent extrêmement au bien du commerce & au bon
ordre de ces mêmes communautés.

Pour obvier à tous ces inconvéniens, il
faudroit que par l'Edit de création des
charges, on prît les moyens convenables
pour réunir tous les arts qui ont entre eux
un rapport intime, & n'en faire plus à l'a-
venir qu'un même corps.

Par exemple, les felliers de carroffe, les felliers ordinaires & les boureliers qui exercent tous à peu près la même profef-fion & travaillent aux mêmes ouvrages & avec les mêmes matieres, ne devroient plus former qu'une même communauté & un même corps.

Les ébeniftes, les tourneurs, les me-nuifiers en meubles & en bâtiment de-vroient être incorporés enfemble.

Il faudroit joindre les rotifleurs aux traiteurs & aux aubergiftes.

Les cordonniers ne feroient qu'un corps avec les bottiers & les favetiers.

Les maréchaux, les taillardiers & les ferruriers ne feroient aufli que la même communauté.

Il y en a une infinité qu'on pourroit ain-fi réunir: il en réfulteroit un grand bien, ou du moins la paix & la tranquillité dans ces mêmes corps.

En vain me dira-t-on que ces profef-fions, quoique voifines, ne font pas les mêmes, & que leurs ouvrages étant diftin-gués, il ne doit pas être permis à tous de les faire & qu'une pareille réunion caufe-roit plus de trouble que de bien.

Je n'ai pour répondre à cette objection qu'un mot à dire. Le corps des marchands merciers à Paris compte cinquante fortes de commerce qui ne paroiflent pas avoir le moindre rapport entre eux. Cependant ils font réunis fous la même dénomina-tion de merciers, qui eft commune à tous.

Quel rapport y a-t-il entre un marchand de galons d'or & un marchand de fer, entre un homme qui vend des étoffes de foye, & un marchand de clous & d'ardoife? C'eft pourtant le même commerce, ils font tous merciers, mais dans différentes branches de mercerie.

De même le ferrurier ne travailleroit pas comme le maréchal, ni comme le taillandier, quoiqu'ils fuffent compris fous la même dénomination de forgerons; & ainfi des autres profeffions voifines. On éviteroit par là bien des discuffions & des procès. Les communautés devenant très nombreufes feroient plus en état non feulement de veiller à leurs intérêts refpectifs, mais encore de régir les affaires de l'intérieur de leur claffe, & d'en foutenir les frais communs.

Pareillement il y a des communautés qui font en très petit nombre parce que leurs fonctions ne font pas d'un ufage bien commun; il faudroit en joindre plufieurs qui auroient enfemble un rapport plus direct pour en former un corps raifonnablement grand; on en verra les raifons par la fuite.

Dans les villes de provinces où chaque corps de métiers & de marchands fe réduit à un fort petit nombre de maîtres; la réunion dont je viens de parler feroit encore plus néceffaire. Quand même il n'y auroit pas de rapport entre ces différents corps enfemble, & qu'on laifferoit fubfifter les bornes qui les féparent par rapport à la fabrique des ouvrages de chacun, il ne feroit pas moins utile d'en raffembler beaucoup pour ne former qu'une feule communauté : parce qu'alors ce corps fe trouveroit par fon grand nombre beaucoup plus en état de fe foutenir & de veiller à fes intérêts communs, ce qui n'eft prefque pas poffible dans l'état de divifion qui regne maintenant entre eux.

Il feroit donc à fouhaiter que dans les grandes villes & leur ban-lieue tous les maîtres en charges fiffent corps de communauté enfemble, quoique de profeffion différentes : que les villes moins confidérables embraffaffent toute l'étendue de leur fubdélégation, de maniere que les maîtres qui feroient établis dans les bourgs & les villages feroient enfemble une communauté générale ; les bourgs feroient le chef-lieu des petits diftricts des villages & campagnes de leur arrondiffement, mais tout fe raporteroit au chef-lieu principal de la fubdélégation.

On va voir dans la fuite les raifons qui m'ont fait imaginer ce moyen de réunion qui doit tourner à l'avantage des corps de métiers & même des marchands, chacun dans la partie qui le concerne.

C H A P I T R E VII.

Des charges de maîtrise créées en faveur des femmes.

Dans tout Etat bien policé le principal soin de celui qui gouverne doit être que tout le peuple travaille. On ne manque pas de moyens pour occuper les hommes; on peut dire que c'est moins le travail qui manque aux hommes, que les hommes qui manquent au travail.

Pour ce qui regarde les femmes qui font par tout une bonne moitié du peuple pour le moins, on ne songe pas assez à les occuper. Je sais que le soin de leur ménage & le gouvernement de leurs enfans prennent une partie de leur tems; mais il leur reste beaucoup de vuide dans la journée; & ce reste est le plus souvent un tems perdu, dont on pourroit tirer un bon parti. Il y a tant de métiers & de professions qui seroient mieux remplis par les femmes que par les hommes; même il s'en trouve que personne ne peut faire qu'elles.

Il seroit donc à propos d'ériger ces maîtrises en corps de communautés, & de créer à cet effet des charges qu'elles seules posséderoient.

Par-là on économiseroit les hommes; on les conserveroit pour les occupations essentielles, où la force & le génie sont

néceffaires dans la conduite des entreprifes.

Par exemple la marchandife de toiles
eft un commerce qui femble uniquement
attaché aux femmes, & elles forment déja à Paris une communauté féparée. Tous
les ouvrages à l'aiguille qui fervent à la
parure & aux habillemens des femmes
doivent être naturellement de leur com-
pétance. Voilà des profeffions qui peuvent
être exercées par des femmes, comme
couturieres en linge & en habits, marchandes de modes, de colifichets & de
pompons. Les broderies, les paffements
en foye & fil; tous les ouvrages au bois-
feau; les boutons & boutonnieres en fil,
trait d'or, d'argent, de foye ou de poil
de chevre, font des ouvrages qui conviennent aux femmes; on peut en dire
autant de la peinture en éventails, en é-
crans, & en toutes ces jolies bagatelles
qui fe font en détrempe fur le papier, le
velin ou le taffetas; tout cela devroit être
annexé aux femmes: elles y font plus a-
droites que les hommes & ne tarderoient
pas à s'y perfectionner encore plus.

L'enluminure des eftampes & de papier marbré feroit encore du moins à Paris une profeffion qui occuperoit beaucoup
de femmes. En un mot fi on vouloit parcourir tous les ouvrages qui fe font communément foit à Paris ou dans les villes
de province, on trouveroit une infinité
de métiers & de petits commerces qui con-

viennent mieux encore aux femmes qu'aux hommes, & qui rempliroient fructueuse-ment les momens libres que leur laiffe l'entretien du ménage & le foin de leurs enfans.

Il feroit donc très important de former de tous ces métiers des maîtrifes qu'on érigeroit comme les autres en charges qui ne pourroient être poffédées que par des femmes, fans que cela empêchât leurs maris d'être attachés de leur côté à d'au-tres profeffions auxquelles ils feroient propres. Ces charges feroient mifes fur le même pied que celles des hommes, & fui-vroient la même police. Je voudrois en-core que tous les commerces d'herbages, de fruits & de poiffon, érigés pareillement en charges, appartinffent auffi aux femmes & que les hommes n'y fuffent point admis.

Je ne fais ici, comme on voit, que donner une légere efquife du projet qui dans le détail deviendroit d'une grande é-tendue, & feroit un objet effentiel pour le bien général de la fociété.

Outre qu'on ne fauroit donner au fexe trop de moyens de pouvoir s'occuper pour l'empêcher de tomber dans l'oifiveté & dans le défordre, je trouve que cet arrangement donneroit à quantité de fil-les & de femmes un état décent qu'elles pourroient remplir aifément & avec avan-tage. Par là on réferveroit les hommes pour des emplois plus importants & plus convenables à leur caractere.

Tou-

Toutes ces charges poſſédées par les femmes formeroient des communautés ſéparées de celles des hommes, lors qu'elles feroient aſſez nombreuſes pour ſuffire à elles mêmes, ſi non on en joindroit pluſieurs enſemble pour ne former qu'un ſeul corps. A l'égard des villes de province où un certain commerce particulier ſe trouveroit borné à un petit nombre de maîtreſſes en charge, rien n'empêcheroit qu'on ne pût les réunir avec les communautés d'hommes, avec qui leur commerce ou leur métier feroit dans le cas de pouvoir fraterniſer. Alors tout ſuivroit le même ordre & les mêmes regles qui ont été propoſées plus haut pour les profeſſions des hommes.

CHAPITRE VIII.

Projet d'établiſſement d'une Maiſon commune pour chaque corps de métiers & de marchands.

Après avoir propoſé d'ériger en charges toutes les maîtriſes des communautés d'ouvriers & de marchands de tout genre, nous ne nous appeſantirons pas ſur de ſimples Réglemens de police à obſerver dans ces communautés, ni ſur la forme des nouveaux ſtatuts qu'il fera à propos de leur donner. Ce n'eſt point la notre objet quant à préſent. Nous avons en vue d'autres établissemens qui ont rapport non seulement au bien général de ces communautés, mais encore à tout ce qui peut contribuer indirectement & influer sur les autres états de la société. Telles seroient des maisons communes pour les différentes classes de marchands & d'artisans, où les infirmes, les pauvres, les malades, les vieillards, les orphelins, & en général tous ceux qui auront besoin de secours & qui seront membres de la communauté, seront reçus & entretenus gratis. Il n'y aura jamais que ceux de la même classe qui pourront y être admis, parce que chaque communauté aura la sienne. A cet égard il n'y aura aucune confusion. Le lecteur doit commencer à entrevoir les raisons pour lesquelles j'ai proposé de faire les communautés les plus nombreuses qu'il se pourra.

Comme les communautés formées suivant notre plan, seront bien plus dans l'aisance, qu'elles ne sont actuellement, parce que le nombre des charges étant moindre que celui des maîtrises, les maîtres en charge feront un commerce plus considérable, ou travailleront davantage, & gagneront plus, on peut raisonnablement conjecturer qu'il n'y en aura que très peu qui aient besoin du secours des maisons communes, & qu'au contraire ils seront en état de contribuer pour leur portion à l'entretien de ces maisons chacun dans leur classe respective, jusqu'à ce que les fonds & les revenus que nous allons leur affigner puiffent fuffire à leurs befoins.

1°. Tous ceux qui entreront en charge payeront à la maifon commune foit pour leur enrégiftrement ou pour leur réception, la dixieme partie de la finance outre & au delà du prix de leur acquifition; & ceux qui n'étant pas fils de maîtres auront payé le double de la charge payeront pareillement à la maifon commune le dixieme du prix de l'achat. Et c'eft dans la maifon commune même que feront dépofés tous les titres, archives & régiftres de la communauté.

Voilà d'abord un premier fond; deforte qu'à chaque mutation de propriétaire des charges, le nouveau récipiendaire payera à cette maifon la dixieme partie de l'argent qu'il aura donné au vendeur.

2°. Tous les articles des nouveaux ftatuts feront précis & prononceront la peine d'une amande fixe contre les contrevenans: & ces amandes feront au profit de la maifon commune.

3°. Chaque fois qu'un maître prendra dans fa boutique un nouveau compagnon, la premiere journée de ce compagnon fera retenue au profit de la maifon commune; pareillement chaque fois que le maître renverra un compagnon, foit parce qu'il en eft mécontent ou faute d'ouvrage à lui donner, il fera obligé de payer à la maifon commune une fomme pareille à celle qu'il aura retenue à cet ouvrier lorſqu'il eſt entré à ſon ſervice.

Toutes ces petites ſommes ſouvent répétées, jointes à d'autres dont nous parleront dans la ſuite formeront les fonds & les revenus de ces maiſons. Mais en attendant, les maîtres feront obligés de fournir par une cotiſation proportionnelle, les fonds qu'il faudra d'abord pour l'établiſſement, ſauf à en être rembourſé par la ſuite. Pour cet effet il faudra dans les commencemens louer une maiſon ſituée dans un quartier convenable. Nous trouverons dans les ſuites les moyens propres pour fournir aux frais de la conſtruction de ces maiſons : j'eſpere qu'on ne tardera pas à appercevoir l'utilité de ces Etabliſſements; ils me paroiſſent eſſentiels & conduiſent à de grandes vues que nous déveloperons bientôt.

Paſſons actuellement à des projets de diſcipline & de police pour entretenir le bon ordre parmi les ouvriers & les apprentifs compagnons dans chacune des communautés. Cela eſt d'une conſéquence abſolue, tant pour eux - mêmes que pour la tranquillité de leur communauté, & en même tems pour le bien général du commerce, des arts, & par contre coup pour augmenter le nombre des peuples de l'Etat, ou du moins pour les économiſer, de maniere que tout le monde puiſſe avoir de l'occupation, & qu'une claſſe particuliere ne manque point de fujets, tandis que d'autres en auront de trop, ainfi que nous le voyons arriver dans l'état actuel des chofes.

✻✻✻✻✻✻✻✻✻✻✻✻✻✻✻✻✻✻✻✻✻✻✻✻✻

CHAPITRE IX.

Des Ouvriers & Garçons compagnons.

Prefque tous les hommes en général font malheureux lorfque livrés à leurs propres caprices, ils n'ont perfonne pour les diriger & régler leur conduite par des confeils fages & prudens. Entraînés la plupart par le feu de la jeuneffe qui ne leur laiffe guere la faculté de réfléchir, ils ne fe trouvent que trop fouvent expofés à la fociété de leurs camarades auffi peu réglés qu'eux, & avec qui ils s'adonnent à la débauche, à l'ivrognerie, & fouvent au plus grand libertinage.

C'eft à peu près le train de la claffe inférieure de l'Etat, & tels font pour l'ordinaire les ouvriers & les garçons compagnons de prefque tous les métiers. La plupart éloignés de leur famille & de leurs parens, ils vivent au jour le jour, fans s'embarraffer du lendemain. S'ils travaillent pendant le cours de la femaine, ce n'eft que pour fuffire tout au plus à leurs befoins effentiels, & pour faire la débauche les dimanches & les fêtes avec le peu d'argent qu'il leur refte. Voilà, ou peu s'en faut, la vie des plus rangés d'entre eux.

Les autres pouffent fouvent le déréglement plus loin, & ne retournent au travail que quand ils ont tout dépenfé & que la néceffité les y ramene. Avec une telle conduite ils perdent leur tems, alterent leur fanté, n'amaffent jamais rien & font toute leur vie dans la mifere.

On remarque encore que ce font les plus habiles qui font les plus dérangés dans leur conduite. Ces fortes de gens font pourtant des membres utiles & précieux à l'Etat. Leur tems & leurs talens font en quelque forte des biens qui lui appartiennent, & leur fortune n'intéreffe pas moins la nation que les biens des autres fujets.

Augmentez leur bien-être, vous multiplierez les richeffes de l'Etat: car nos fabriques & notre commerce dépendent plus ou moins de l'emploi de ces hommes & de leurs talents. S'il arrive que ces ouvriers perdent leur tems en débauche ou à courir inutilement de province en province, c'eft autant de momens perdus qui pourroient être employés fructeufement aux traveaux de leurs profeffions. Par cette feule raifon il faut de néceffité dans les manufactures un plus grand nombre d'ouvriers, pour remplir les vuides qu'ils laiffent par leurs abfences fréquentes; cela jette les fabriques dans de plus grands fraix de main d'œuvre, & oblige par conséquent de vendre les marchandifes fur un pied plus haut. Ce renchériffement fait que le débit en devient moins confidérable. La confommation des matieres premieres en eft arrêté : en un mot tout le commerce en fouffre.

Nos voifins plus actifs & plus économes de leur tems feront en état de donner les ouvrages à plus bas prix & de faire tomber les nôtres qui devroient avoir fi non la préférence, du moins marcher concurremment avec les leurs.

Voilà par rapport au tems que les ouvriers perdent mal à propos un tort infini pour l'Etat.

Il y a plus encore : comme on eft néceffité d'avoir un plus grand nombre d'ouvriers qu'il n'en faudroit fans cette circonftance. Ce font autant de bras qu'on enleve à l'Agriculture qui en manque. Ce qui fait manquer ou du moins languir toutes nos autres entreprifes. Ainfi l'économie du tems des ouvriers & des artiftes en tout genre, eft un objet d'une importance réelle pour l'Etat.

Il l'eft encore plus particuliérement pour ces fortes de gens. En les détournant du libertinage & de la débauche, on épargnera leur argent & leur fanté. Ces deux biens qui les touchent de très près, intéreffent auffi l'Etat. La perte d'un ouvrier laborieux & habile eft une perte réelle qui ne fe répare qu'avec peine ; il faut donc prendre toutes les précautions possibles pour les conferver.

Si les ouvriers par leur économie & leur fobriété ménageoient le produit de leur travail, ils fe trouveroient avoir au bout de l'année quelque petite fomme en réferve. Cinq ou fix années d'un travail affidu & de l'arrangement dans leur conduite leur fourniroient les moyens d'entreprendre un petit établiffement, de fe marier, & de donner des fujets à l'Etat & des ouvriers aux arts & métiers.

Le public y gagneroit donc, & les particuliers ne feroient pas dans leur vieilleffe à charge aux autres. La population en déviendroit à coup fûr beaucoup plus nombreufe, & par conféquent l'Etat plus puiffant. Tout le monde convient que c'eft le grand nombre des fujets & l'induftrie qui font la force & l'opulance d'une nation.

Toutes ces conféquences, comme on voit, font dans l'ordre politique un objet intéreffant, qui mérite l'attention du miniftere. Nous ne faifons qu'indiquer la route: c'eft à lui qu'il appartient de prescrire les regles convenables, afin de mettre des bornes à ces défordres, qui font un tort direct à toutes les branches de notre commerce, & par une fuite néceffaire à toutes les parties du gouvernement, j'ai imaginé à ce fujet quelques moyens qui me paroiffent très fimples. Je vais les détailler dans l'efpérance qu'ils pourront être goûtés du public de qui seul j'ai eu en vue l'utilité & le soulagement, en les combinant.

✻❋✻❋✻❋✻❋✻❋✻❋✻❋✻❋✻❋✻❋✻❋✻❋✻❋✻

CHAPITRE X.

Projet de Réglement en faveur des apprentifs & des garçons compagnons dans toutes les différentes classes du commerce & des arts méchaniques.

Tout homme qui n'étant pas maître dans quelque corps de métier ou commerce, voudra faire apprendre une profession à son fils, sera obligé d'engager ce fils à un maître pour l'espace de trois ans, & outre cela de donner une somme laquelle sera fixée plus ou moins haut selon la nature du métier & à proportion de la finance que la charge de maître dans cette profession aura coûté dès son principe, dans l'endroit où ce garçon voudra faire apprentissage. Cet argent donné pour l'apprentissage sera distribué savoir un tiers pour le Roi, un autre tiers pour la maison commune & le reste pour le maître. Les trois années du tems de cet apprentif seront aussi pour indemniser le maître des peines qu'il en coûtera pour enseigner la profession à ce garçon; mais si le garçon apprentif est fils de quelque ouvrier de profession artisanne, il ne donnera point

d'argent, mais feulement trois années de
fon tems au maître pour lui apprendre le
métier.

On fent bien que peut-être il fe trouvera
peu de maîtres dans Paris ou dans les
grandes villes qui veuillent prendre chez
eux des apprentifs à ces dernieres conditions. Dans ce cas ils pourront fe préfenter dans les villes moins confidérables où
les maîtres ne feront pas fi difficiles, à
moins qu'ils ne préferent de s'arranger a-
vec le maître en lui donnant la portion
d'argent qui lui feroit due dans le cas ou
l'apprentif ne feroit pas fils de maître &
alors le Roi ni la maifon commune n'auroit point de part dans cet argent.

Quand le tems d'apprentiffage fera ter-
miné, le garçon ira fe préfenter devant
les maîtres jurés en charge qui lui délivreront fon brevet d'apprentiffage, & il ne
pourra être reçu compagnon, ni travailler
en cette qualité, fans ce brevet.

Le brevet d'apprentiffage contiendra les
noms furnoms du garçon, ainfi que ceux
du pere & de la mere & leur demeure, il
rendra témoignage de fa fidélité & de fon
exactitude pendant le tems d'apprentiffage
qu'il a fait en telle ville, chez tel maître,
dans telle profeffion. Le brevet contiendra auffi le fignalement du garçon. Enfin
il fera délivré en parchemin avec les tim-
bres ordinaires & autres empreintes &
fceaux autentiques qui doivent fervir de
témoignage à la vérité, & figné du maître

d'apprentiſſage & des maîtres jurés en charge.

Ce brevet ſera payé 15 livres, ſi l'apprentif eſt fils d'un ouvrier, compagnon au moins, & 30 livres, ſi c'eſt le fils d'un domeſtique ou d'un payſan ; & cet argent ſera encore au profit de la maiſon commune.

Un garçon compagnon, quoique muni de ſon brevet d'apprentiſſage, ne pourra travailler hors de la ſubdélégation ſans avoir un certificat & une permiſſion par écrit des jurés de ſa communauté.

Tout garçon compagnon de quelque profeſſion que ce ſoit, ne pourra être dispenſé de porter à la boutonniere de l'habit ou de la veſte une médaille de cuivre qui ſera propre à ſa profeſſion, & aura un numero particulier ; & en cas qu'il fût trouvé ſans cette médaille même les jours de dimanches & fêtes, il ſeroit mis en priſon pour un mois, au pain & à l'eau, dans la maiſon commune ou il pourra travailler pour ſe procurer une vie plus douce.

Si un garçon paſſe d'une ſubdélégation dans une autre il ſera obligé avant de partir de prendre un certificat ou congé expédié par les jurés, qui ne le lui délivreront que ſur une atteſtation par écrit ou verbale du dernier maître où il aura travaillé, touchant ſa bonne conduite, en même tems il remettra la médaille & payera pour le certificat cinq ſols.

Lorſqu'il ſera arrivé dans la ſubdélégation où il veut travailler, il ira chercher une médaille au bureau de la communauté, & une permiſſion de travailler qui lui ſera délivrée ſur le vu de ſon certificat, & pour cela il payera quinze ſols. Mais s'il s'aviſoit de ſe préſenter pour travailler ſans certificat, médaille ni permiſſion, il ſera mis en priſon à la maiſon commune pendant un mois au pain & à l'eau, comme il a été dit plus haut.

Si dans la ville ou pays où un compagnon s'arrête pour y travailler, il ſe trouve une maiſon commune du corps de ſa profeſſion, il ſera tenu d'y aller demeurer pour y travailler de ſon métier juſqu'à ce qu'il trouve un maître qui veuille l'occuper. La maiſon ſera obligée de le nourrir, loger & blanchir ſeulement pendant tout le tems qu'il y demeurera: mais il ſera deffendu à tous compagnons qui ſe trouveront à la diſtance d'une lieue cummune de la communauté d'aller demeurer ou loger ailleurs, à moins qu'ils n'ayent un maître chez qui ils travaillent qui pour lors les logera & même les nourrira ſi c'eſt l'uſage du pays. Car quand ils travailleront en boutique ils ne pourront loger ailleurs que chez leur maître; à moins qu'ils ne ſoient mariés auquel cas il leur ſera permis de prendre une maiſon, ou de loger en chambre garnie. Ceci ne regarde pourtant pas ceux qui étant dans leur pays, pourront, mariés ou non mariés, demeurer chez leurs pere & mere.

Tout compagnon qui contreviendra à

quelques-unes des difpofitions de cet article fera mis aux arrêts pour trois mois dans la maifon commune où il travaillera pour fa nourriture; & les aubergiftes ou loueurs de chambres feront mis à l'amande pour les avoir logés.

Tout compagnon qui voyagera d'une province à une autre, aura le droit d'aller coucher & vivre dans la maifon commune, & même d'y féjourner un jour s'il le veut; & la maifon en partant lui donnera deux fols par chaque lieue pour faire fa route d'une maifon à l'autre, afin de le foulager dans fon voyage, mais il prendra par tout des atteftations du jour qu'il fera parti.

Quand un garçon compagnon, foit en voyage foit chez les maîtres, tombera malade, il fe fera tranfporter à la maifon commune de fa profeffion, ou il fera foigné & médicamenté; on lui fournira tout ce qu'il faudra jufqu'à fon entiere guérifon fans qu'il lui en coûte rien. Il y reftera tant qu'il fera convalefcent, & ne travaillera que quand il fera en état de le faire fans s'incommoder.

Tout compagnon qui ne menera pas une vie réglée & convenable, pourra être renvoyé par fon maître fans atteftation de bonne conduite; & on exhortera fortement les maîtres à être exacts fur cet article, & à ne pas agir comme il arrive à quelques-uns, favoir de renvoyer de mauvais fujets, & d'engager d'autres

maîtres à les prendre : ce qui ne peut être
que l'effet d'un fentiment de baffe jaloufie
& d'une méchanceté impardonnable, pour
nuire à ceux qui exercent la même profeffion.

Jamais un compagnon quittant un maître
ne pourra entrer au fervice d'un autre fans
une permiffion par l'écrit du maître qu'il
quittera à peine de trois mois d'arrêt dans
la maifon commune pour le compagnon,
& de 30 livres d'amande payables par le
maître qui l'aura reçu fans cette formalité;
deforte que tout garçon compagnon qui
quittera fon maître fans atteftation & autrement que de bonne amitié, fera forcé
d'aller à la maifon commune attendre qu'on
le vienne demander.

A l'égard des garçons compagnons qui
viendront de bon gré à la maifon commune pour y attendre que des maîtres en
viennent demander, on doit obferver que
chacun ait fon tour & que les premiers arrivés foient les premiers placés. Pendant
ce tems, les garçons s'occuperont de leur
mieux à travailler pour le profit de la
maifon afin de l'indemnifer des dépenfes
qu'ils y feront, foit lorsqu'ils y viendront
de leur gré pour attendre de l'ouvrage
foit lorsqu'ils voyageront ou qu'ils y feront malades.

Par retour cette maifon fera toujours
pour eux & pour leur famille en tout tems
un lieu d'azyle & de retraite, où ils auront
la vie & le logement, tant qu'ils feront en

âge de pouvoir travailler; & lors qu'ils feront vieux, on les y recevra comme invalides, & ils y auront la nourriture & leur entretien jusqu'au moment de leur mort.

Quant aux compagnons qu'on recevra dans les maisons communes en qualité d'invalides, il y aura de la distinction entr'eux. Ceux qui depuis le tems de leur apprentissage auront conservé tous leurs certificats de vie & moeurs, sans aucune interruption de tems en changeant d'un pays à un autre, & d'un maître à un autre, époque par époque, & qui justifieront ainsi par ordre de date leur entrée & leur sortie chez les différens maîtres qui tous auront rendu d'eux un bon témoignage, ceux-ci feront admis avec distinction dans la maison commune & reçus dans la premiere classe, lorsqu'ils voudront s'y retirer comme invalides.

Ceux qui n'auront pas une suite de certificats favorables & dans la conduite desquels on ne verra pas la même exactitude, feront mis dans la seconde classe.

La troisieme & derniere classe fera pour ceux qui n'auront pas pour eux la preuve d'une conduite réglée & des certificats suivis en leur faveur.

La premiere classe fera destinée encore pour les maîtres de la profession, vieux & infirmes, qui auront eu le malheur de ne pas réussir dans leur commerce; outre les compagnons d'une vie exemplaire & sans aucun reproche comme on a dit.

Les personnes qui seront admises dans la maison commune en qualité d'invalides, dans quelque classe que ce soit, n'y resteront pas à rien faire. Chacun y sera employé selon que sa santé & ses forces le permettront. Les maîtres y travailleront de leur métier pour s'amuser; ou bien ils auront la conduite & l'inspection sur certain nombre de compagnons pour leur distribuer l'ouvrage, soit que l'on travaille dans la maison même, ou que le métier soit de nature à exiger qu'on aille travailler chez les particuliers qui auront besoin d'ouvriers, comme celui de charpentier, couvreur, maçon, &c.

Pour cet effet il sera établi pour regle générale, que tous les ouvrages qui se feront par les personnes dépendantes de cette maison, ou les journées d'ouvrier seront taxées à un cinquieme meilleur marché que les prix ordinaires des mêmes journées ou marchandises faites par les maîtres en charges. Les régisseurs de la maison commune pourront faire des entreprises dont les profits seront appartenans à la maison.

Tous les garçons compagnons seront obligés de tirer au sort de la milice dans l'endroit où ils se trouveront & ceux qui y seront échus ne pourront s'absenter de l'étendue de la subdélégation que pour aller à leur service en qualité de soldats de milice. Tant qu'ils seront actuellement de service & sans travailler de leur métier, ils seront exempts d'observer les réglements mens qui concernent leurs profeſſions. Et lorsque leur tems de ſervice dans la milice ſera achevé, ils ſeront exempts d'y tirer pour le reſte de leur vie, & rentreront dans tous leurs droits, comme compagnons.

✾✾✾✾✾✾✾✾✾✾✾✾✾✾✾✾✾✾✾✾✾✾✾✾✾

CHAPITRE XI.

Obſervations ſur les nouveaux Etabliſſemens & Réglemens qu'on vient de propoſer.

La propoſition que nous faiſons d'établir une maiſon commune pour chaque communauté ou profeſſion différente, n'eſt point l'effet d'une imagination qui cherche à innover; c'eſt le réſultat des plus ſérieuſes réflexions. Nous avons en vue trois objets également intéreſſants pour la ſociété & pour l'Etat; ſavoir le ſoulagement des malades & infirmes de la communauté, les ſecours & entretiens convenables pour tous ceux de la claſſe, maîtres & compagnons qui ſont vieux & pauvres, & enfin une police exacte par rapport à tous les ouvriers artiſans.

Au moyen de notre projet tous les malades d'une communauté, trouveront un azyle dans la maiſon commune: ils y feront beaucoup mieux ſoignés & médicamentés que dans les hôpitaux & hôtels-dieu ordinaires, ou ils ſe trouvent confondus dans la foule & traités fans aucune diftinction; où la trop grande quantité de malades fait qu'on les néglige & qu'on ne peut pas en avoir tous les foins poffibles; où l'air infect & les vapeurs d'un grand nombre de malades en font périr une très grande partie. Auffi ces malheureux ne vont dans les hôpitaux qu'à la derniere néceffité. Dans notre maifon commune au contraire le nombre des malades n'étant jamais bien confidérable, on fera à portée de leur donner tous les foins & les médicaments néceffaires, & de les leur donner à propos. Le mauvais air ne communiquera pas fi aifément les maladies des uns aux autres, & les malades n'y trouvant que des gens de même état qu'eux ne rougiront pas de s'y faire tranfporter & n'attendront pas pour cela que le mal ait fait beaucoup de progrès. Ainfi les fujets de l'Etat feront fecourus dans le befoin, fans lui être à charge.

Notre fecond objet dans l'établiffement des maifons communes, eft d'en former un lieu de retraite pour tous les maîtres vieux & infirmes qui ayant eu le malheur de ne pas réuffir dans leurs affaires, n'ont point amaffé de quoi fubfifter dans leur vieilleffe, & pour les garçons compagnons que leur grand âge aura mis hors d'état de gagner leur vie par un travail affidu. Ils trouveront dans cette maifon la nourriture, le logement, l'habillement & toutes les néceffités le refte de leur vie, fans être obligés de travailler plus que les forces ne le leur permettront. Voilà l'espece défaillante soulagée, la misere bannie du sein de l'Etat, & la mort éloignée.

Cette maison sera une retraite honnête, bien différente de celles à qui de malheureux vieillards nécessiteux sont maintenant obligés d'avoir recours pour y traîner un reste de vie languissante & misérable. On ne regardera point ces maisons comme les maisons ordinaires de charité. Quoique formées en quelque sorte pour le même objet, elles en seront tout à fait différentes par leur institution. Le titre de maison commune n'a rien qui révolte ni qui présente l'idée d'aumône & de charité qui fait peine à tant de gens. Chaque particulier soit maître ou compagnon ayant contribué par ses travaux & par les petites retributions casuelles qu'ils auront fournies suivant les statuts & réglemens dont nous avons donné une esquisse, à l'établissement de ces maisons, aura par ce moyen acquis le droit d'y exiger une place, y ayant mis comme en dépôt la subsistance de leurs vieux jours. Ils pourront regarder ces maisons & leur revenu comme leur appartenant en quelque sorte, au moins pour tout ce dont ils ont réellement besoin. Ils feront là comme chez eux, logés, nourris, & entretenus conformément à un Réglement qu'on dressera à ce sujet; & dont chaque particulier pourra exiger l'exécution en rigueur.

K 2

Si les perſonnes qui ſeront prépoſées à la régie de ces maiſons refuſoient d'en ſuivre les réglemens & de recevoir qu'elqu'un qui ſe préſenteroit, on s'adreſſera aux jurés actuels de la communauté. Si les jurés eux-mêmes ſe relâchoient ſur leurs devoirs & ſur la juſtice, on préſenteroit requête aux principaux magiſtrats qui ont le diſtric de la police.

Enfin il falloit trouver un moyen pour contenir les ouvriers compagnons de chaque profeſſion dans leur devoir, pour économiſer leur tems & leur argent: deux biens qui, quoique leur appartenant en propre, ſont auſſi à l'Etat, & au public qui les occupe. Leur tems & leur induſtrie mis à profit augmentent les richeſſes de notre commerce. Le petit gain qu'ils peuvent faire en devenant plus rangés & plus économes les met en ſituation de faire des Etabliſſemens & par conſéquent de contribuer à la population qui fait une des principales forces de l'Etat.

Tous les réglemens de police qui ont été propoſés ci-deſſus paroiſſent du premier abord un peu ſéveres & gênants; mais comme ils tendent viſiblement à l'avantage des ouvriers, & qu'ils n'y en a aucuns aſſez ſtupides pour ne pas le ſentir pour peu qu'ils y réfléchiſſent, je ne doute pas qu'ils ne s'y ſoumettent avec plaiſir, & même qu'ils n'en ſoient bien aiſes, parce qu'ils y verront leur profit, & une retraite aſſurée dans leur vieilleſſe. Ils ſe ſentiront portés de plus en plus à l'amour

du travail & du bon ordre. D'abord ils y
feront obligés par la loi; mais dès qu'ils
en auront fenti la commodité, il eft certain que d'eux - mêmes & par le feul motif
de leur intérêt ils s'exciteront les uns les
autres à mener une vie plus réglée & à é-
conomifer le fruit de leur travail.

C'eft ainfi que l'homme fe conduit: dès
qu'il commence à voir accumuler fon bien,
il ne ceffe plus de travailler pour l'augmenter de plus en plus; mais tant qu'il ne
peut pas faire la moindre réferve, il vit
au jour le jour, fans aucune confidération,
& fe livre à la diffipation, afin de trouver dans ce genre de vie de quoi écarter
& diffiper les réflexions triftes & desagréa-
bles d'un avenir incertain. Au lieu que
quand par fes foins & fon travail il voit
accroître fes épargnes, il ne s'occupe plus
que du defir de les groffir. Le travail lui
plait dans cette efpérance, & ne lui coûte
prefque rien. Il ne faut pas à un ouvrier
ordinaire plus de 4 louis d'or en réferve
pour lui donner envie d'en augmenter le
nombre; & comme cela ne peut pas fe
faire fans beaucoup d'affiduité au travail,
ni fans épargne, il s'enfuit qu'il ne perdra
pas un inftant & mettra tout à profit.

L'inclination naturelle que tous les
hommes ont à fe marier pour laiffer aprés
eux une poftérité, ne les porte pas moins
à cet efprit d'ordre & d'économie. Le libertinage les éloigne plutôt de l'un & de
l'autre. C'eft à des loix fimples mais cal-

culées à l'avantage des hommes, qu'on doit la bonne conduite de la plupart de ceux qui vivent bien.

La diftinction que j'ai faite de trois claf-fes dont la premiere comprendra, outre les maîtres, ceux d'entre les ouvriers qui feront à même de pouvoir juftifier d'une conduite réguliere & honnête par une fui-te de certificats favorables, fera qu'ils fe piqueront de mériter de pareilles attefta-tions de leurs bons fervices qu'ils confer-veront comme des titres honorables pour eux & pour leurs enfans. Rien n'eft capa-ble de produire un fi bon effet que de ré-compenfer la vertu, & de punir le vice par la privation des prééminences & des diftinctions qu'on accorde au mérite felon le degré plus ou moins grand auquel il eft porté.

Les maîtres trouveront dans tous ces Réglemens de quoi entretenir la fubordi-nation qui eft fi néceffaire pour maintenir le bon ordre & attacher les hommes à l'obfervation de leurs devoirs en leur fai-fant aimer leur état en confidération de leur intérêt perfonnel. Voilà les vues qui nous ont engagé à propofer les Réglemens ci-deffus & l'Etabliffement des maifons communes pour chaque profeffion.

CHAPITRE XII.

De la Régie intérieure & extérieure des maisons communes, & des personnes à qui elle sera confiée.

Les défauts que l'on remarque dans la Régie des maisons de charité & des hôpitaux ordinaires doit servir de leçon pour éviter de tomber dans les mêmes inconvéniens, ou dans d'autres semblables, par rapport à l'administration de nos maisons communes, ou par rapport aux soins & aux attentions qu'il faudra avoir pour les personnes qui y habiteront. Afin donc que les revenus de ces maisons soient bien économisés & ne se dissipent pas mal à propos, on choisira pour gouverner l'intérieur de la maison & pour conduire la dépense quatre femmes veuves de maîtres dans la même profession, qui n'auront point de famille, que leur bonne conduite aura rendues recommandables, & qui voudront bien consacrer le reste de leurs jours au service de leur communauté.

Leur fonction sera d'avoir soin de tout ce qui aura trait aux dépenses de la bouche, des lits, des linges; de veiller au service des malades & de les faire médicamenter.

La plus ancienne de ces économes aura sur les autres une certaine prééminence; & chacune par degré & à son tour par-

viendra à cet honneur. C'est à cette supérieure principale que tout se rapportera;
chacune des quatre aura son district & son
occupation particuliere, & tiendra avec
exactitude un état de toute la dépense qui
se fera dans la partie de l'administration
dont elle sera chargée.

Il y aura pareillement quatre maîtres de
la profession veufs & sans famille, s'il est
possible, & qui se destineront de bonne
volonté au service de cette maison : on
aura soin dans le choix qu'on en fera, de
ne prendre que des gens intelligens, de
bonnes mœurs & sans reproche. Comme
ce sera un honneur pour ceux sur qui on
aura jetté les yeux, on en trouvera sans
doute qui seront charmés de se vouer à cet
emploi, d'autant qu'ils seront sûrs de trouver là un état heureux & permanent pour
le reste de leurs jours.

Comme j'imagine qu'il se trouvera plus
que suffisamment de sujets, & qu'on ne sera
embarrasé que pour le choix, leur élection
tant pour les hommes que pour les femmes, se fera dans une assemblée des maîtres les plus notables de la communauté;
à laquelle auront assisté au moins trente
maîtres pour que l'élection ait toute sa
force.

Ces Economes étant une fois admis &
entrés en fonction pourront être dépla-
cés en cas de négligence grave dans leur
devoir, ou pour avoir diverti les deniers
de la maison ou avoir manqué à en faire

un bon ufage: mais il faudra pour les dé-
poffèder une délibération expreffe dans
une affemblée générale de la communauté.

Il y aura dans la maifon un commis a-
vec apointement & titre de controlleur.
Ses fonctions feront de tenir régiftre de
toute la recepte & de la dépenfe, des a-
chats & des ventes qui fe feront dans
la maifon, chaque claffe d'affaires fur des
régiftres féparés. Chacun des régiffeurs
aura, auffi par devers lui des livres & régiftres bien en regle.

Des jurés de la communauté s'affemble-
ront une fois toutes les femaines & tiendront bureau ouvert pour tous ceux qui
auront affaire à eux. Cette affemblée fe
fera dans une falle de la maifon commune,
deftinée à cet effet, & les régiffeurs rendront leur compte femaine par femaine.

On choifira dans le nombre des maîtres
de la communauté un caiffier tréforier qui
fera nommé par affemblée juridique &
dont les fonctions dureront quatre années.
On prendra pour cet effet un homme fol-
vable en état de répondre de la caiffe, &
de s'acquitter en même tems des devoirs
de caiffier: il lui fera alloué pour fes hon-
noraires fix deniers pour livres de tout
l'argent qui paffera entre fes mains. Cette
place tiendra lieu de Jurande & fera le
même honneur.

Jamais les jurés ne feront aucuns repas
aux dépens de la maifon pas même les
jours d'affemblée. Il fera même deffendu

expreſſément aux régiſſeurs de rien donner à leurs parens quand ils iront les voir,
ni même de les inviter à y boire & manger ſous peine d'être caſſés, dégradés de
leur emploi & expulſés de la maiſon.

Tous les ans il ſera rendu un compte général par les jurés & les régiſſeurs devant
l'aſſemblée des plus notables d'entre les
maîtres de la communauté; laquelle aſſemblée ſera compoſée de deux tiers de
maîtres & un tiers de garçons compagnons,
& ne pourra jamais être moins nombreuſe
que de trente perſonnes.

Lorſque les revenus que nous avons aſ-
ſignés par les réglemens ci - deſſus ne ſuffiront pas pour fournir aux fraix de la dite maiſon, la communauté y ſuppléera
par une cottiſation proportionnelle ſemblable à celle que nous avons établie à
l'article des droits du Roi ſur l'induſtrie de
chaque maître, ou compagnon établi.

Lorſqu'il y aura des deniers de reſte a-
près tous les fraix & les dépenſes de la
maiſon déduits, cet excédent ſera employé pour aider au payement de l'impo-
ſition royale, & par ce moyen contribue-
ra à ſoulager la communauté. En un mot
cette maiſon & ſes revenus étant l'ouvrage
de la communauté elle lui apartiendra de
toute maniere, & ſera d'une très grande
reſſource tant pour les maîtres que pour
les compagnons. Conſéquemment on ne
doit pas craindre qu'ils négligent aucuns
des moyens propres à la rendre riche &

commode, & d'y faire obſerver les réglemens les plus convenables pour remplir
le but principal de cette inſtitution.

CHAPITRE XIII.

*De quelques Réglemens concernant les orphe-
lins enfans de maîtres de la communauté, qui
feront dans le cas d'avoir befoin des fecours
de la maiſon commune.*

Quand un maître en mourant laiſſera
des enfans en bas âge, & pas aſſez de
bien pour les élever dans la profeſſion ; la
maiſon commune ſera leur tutrice née,
elle en prendra ſoin & les élévera, ſavoir
les garçons juſqu'à ce qu'on leur ait appris
leur métier, & les filles juſqu'à l'âge de 15
ans accomplis.

Lorſque l'apprentiſſage ſera achevé ſuivant les formes & les regles preſcrites,
ces garçons feront obligés de donner à la
maiſon quatre années de leur tems pendant
lesquels ils travailleront à ſon profit, pour
l'indemnifer en partie des depenſes qu'elle
aura faites pour eux. Après ce tems, il
leur ſera libre d'aller travailler chez les
maîtres & pour leur compte.

A l'égard des filles qui ne ſont pas dans
le cas d'apprendre la même profeſſion que
leur pere, la maiſon les nourrira, entre-
tiendra, & on leur aprendra à travailler

aux fonctions du ménage jufqu'à l'âge de 15 ans, après quoi on les mettra au fervice chez les maîtres ou chez d'autres particuliers. Les gages qu'elles gagneront feront pour elles, mais elles ne pourront demander d'entrer en condition qu'après qu'elles auront atteint l'age de 15 ans accomplis; & la maifon fera toujours en droit de veiller fur leur conduite jufqu'à ce qu'elles foient mariées.

Au moment de la mort de leurs peres & meres, la maifon fera vendre la charge du pere & tous les effets qui fe trouveront; on en emploiera les déniers pour payer les dettes, & on gardera en dépôt le furplus qui fera remis à ces orphelins à leur majorité, mais fans aucun intérêt. Mais fi les parens des dits enfans veulent bien s'en charger aux mêmes conditions que la maifon, ils le pourront faire, & donneront caution de la fomme qui leur reftera entre les mains après les dettes aquittées.

Les enfans des garçons compagnons reftés orphelins en bas âge, jouïront des mêmes prérogatives que les enfans des maîtres, avec cette feule différence que ceux des maîtres feront reçus dans la maifon à tout âge, au lieu que ceux des compagnons n'y feront admis qu'après fept ans accomplis, pour y être élevés & inftruits comme les autres, & que ceux qui feront au deffous de fept ans, feront placés aux enfans trouvés & fuivront les regles de cette maifon de charité: on verra par la suite de cet ouvrage, lorsque nous parlerons des enfans trouvés, pour quelles raisons nous avons établi cette distinction.

****

CHAPITRE XIV.

Quels sont les abus de la mauvaise Education en général que l'on donne aux enfans de tous états, & principalement à ceux des ouvriers compagnons. Combien cela préjudicie au bien de l'Etat & du commerce, & à la population.

Il en est à peu près des grands maux comme des grandes rivieres, dans leur principe c'est peu de chose: on ne s'en apperçoit presque pas. Tous les hommes en général au moment de leur naissance sont également susceptibles des bonnes & des mauvaises impressions. Selon qu'ils seront bien ou mal élevés, & qu'ils trouveront dans les personnes qui les instruiront de bons ou de mauvais exemples, ils se tourneront au bien ou au mal. Je ne prétends pas que vû la différente conformation des organes, nous n'apportions pas au monde certaines inclinations qui nous portent à une chose plûtôt qu'à une autre; mais je pense que cette disposition naturelle, si elle est mauvaise, peut être détournée par d'autres principes inculqués de bonne heure. De même les meilleures dispofitions peuvent s'altérer par les maximes d'une éducation vicieufe & par les préjugés dont on berce notre enfance, plus que par toute autre chofe : ce qui fait que l'éducation eft le bien le plus précieux que l'on puiffe donner aux enfans.

Le défaut de fortune peut fe réparer par un travail affidu & par l'heureufe rencontre de certaines circonftances que le hafard amene. Mais fi un fujet manque du côté de l'éducation, & que faute d'avoir eu de bons principes dans fon bas âge, les mauvaifes inclinations aient prévalu dans fon caractere, c'eft un fujet perdu fans reffource. Les biens de la fortune ne fuppléent point à ce défaut. C'eft un mal qui n'a plus de remede.

Quand je parle d'éducation, je n'entends pas celle qui eft dirigée par l'ambition & la vanité & qui n'a d'autre regle que le caprice & une imagination qui s'abufe ; mais une façon d'élever les enfans conforme à l'état, & à la naiffance, au génie & à la fortune de chacun. Pour donner une bonne éducation, il faut, autant que faire fe peut, éduquer les enfans pour l'état dans lequel ils font nés. Car de vouloir les en faire fortir, en les conduifant par des routes particulieres dont on ignore quel fera le fuccès, c'eft hazarder beaucoup, pour ne pas dire, perdre abfolument fe fujet qu'on fe propofe d'inftruire. En effet on remarque pour l'ordinaire que fur cent enfans que l'on veut

élever au dessus de leur état, en leur donnant ce qu'on appelle une belle, une brillante éducation, il y en a quatre-vingt-
dix qui tombent dans un abaissement affreux & font misérables le reste de leurs
jours.

Pour passer d'un état inférieur à un é-
tat supérieur. Il faut réunir en sa personne la fortune & des talents distingués,
fans quoi on reste en chemin & on ne
parvient presque jamais à rien de solide.
Un artisant un peu aisé & qui ayant plusieurs enfans, veut en faire étudier quelqu'uns qui lui paroissent plus propres aux
sciences, ne connoît pas toutes les difficultés qu'ils auront à surmonter pour y
parvenir, & le peu de fruit qu'on retire
souvent des plus excellentes connoissan-
ces, & il engage mal à propos ses enfans dans une carriere, où ils ne pourront jamais rien faire pour leur avantage, au lieu que souvent avec un peu plus
de génie que les autres ils auroient fait
des prodiges dans l'état de leurs peres.

Delà il arrive deux choses : d'abord en
voulant faire qu'un enfant soit plus que
lui, il se met dans le cas d'en être mépri-
sé ; puis s'étant figuré qu'il suffisoit que
son fils eût fait des études pour être capable de réussir en toute choses, il a peut-
être calculé ses moyens jusque-là ; mais il
n'a pas assez de fortune pour le soutenir
& entretenir pendant plusieurs années a-
près ses études achevées, pour lui faire

acquérir par la pratique la véritable fçience de fe rendre utile foit dans la robbe, dans la médecine, dans la finance ou autre état un peu relevé. Auffi ce fils ne parvient-il à rien ; faute de pouvoir pourfuivre, il eft obligé quelquefois de revenir fur fes pas & de reprendre le métier de fon pere. Heureux encore ceux qui font affez fages pour prendre ce parti ! Mais fi fa vanité & fon amour-propre réfiftent à cette idée, il tombe dans la fainéantife & le libertinage, jufqu'à ce que la néceffité l'oblige à prendre pour vivre le parti du fervice ou de la marine, faute de pouvoir faire mieux. Voilà le fort le plus commun de ceux à qui on a eu l'ambition de vouloir donner une éducation fupérieure à leur condition, fans connoître les dangers d'une telle façon de fe conduire.

Toutes les perfonnes fenfées conviendront avec moi que dans la plupart de nos grandes villes, l'éducation telle qu'on la donne aujourd'hui à la jeuneffe caufe à l'Etat beaucoup plus de mal que tous les autres abus enfemble : en voici la preuve.

La facilité qu'ont tous les particuliers, tant les pauvres que les riches, d'envoyer leurs enfans dans les colleges publics, fait que ceux du petit peuple de même que ceux des bons bourgeois, fe trouvant mêlés & confondus dans les mêmes claffes fe communiquent réciproquement les mœurs & les inclinations que chacun porte avec
foi,

foi, de son état & de sa condition, inclinations qu'ils puisent chacuns dans les
exemples de leurs parents. Le fils d'un
savetier qui trouve dans sa classe le fils
d'un bon bourgois en fera son ami & son
camarade d'école; ils familiarisent ensemble: les manieres rustiques & grossieres de
l'un corrompent les façons polies & bien-
séantes qu'on tâche de donner à l'autre
dans le particulier; de sorte que ce que
l'un perd, l'autre le gagne, & souvent tous
les deux se trouvent au niveau & aussi mal
instruits l'un que l'autre.

Ce mal est assez grand par lui-même
quand il en resteroit là; mais il fait des
progrès très rapides. Ce fils d'artisan voyant pour camarades des enfans qui lui
plaisent & d'un état bien supérieur au
sien, affecte d'en copier toutes les manieres. Il traite avec mépris tout ce qui ne
leur ressemble pas, & ses peres & meres
les premiers. Il rougit de leur état; & ne
fait plus que repaître son imagination de
grandeur, de gloire & de vanité. Il faut
absolument lui donner un état plus relevé
que celui de sa naissance. Mais comme le
pere n'est pas en situation de le faire, le
fils l'abandonne, dès qu'il est un peu a-
vancé en âge, & se livre en étourdi au libertinage, & souvent se précipite dans les
plus grands desordres.

L'enfant du bourgeois qui pendant le
cours de ses études a eu pour camarade un
polisson & un sujet dont les manieres &

les fentimens n'avoient rien que de bas, n'a pu contracter dans une telle fociété, que de mauvaifes impreffions & même des vices qui ne s'effacent jamais, qui défigurent & détruifent tout ce qu'une bonne éducation auroit pu produire en lui.

Voilà le tableau véritable de la plûpart des éducations communes des colleges. On voit donc que la fréquentation & les liaifons, inévitables en pareil cas, de toutes fortes de fujets d'état & de condition différente, ne peuvent que produire les plus mauvais effets, & former des éducations monftrueufes qui font à la jeuneffe un préjudice infinis. Les exemples n'en font malheureufement que trop communs à Paris, dans toutes nos grandes villes & même dans les campagnes: exemples trop frappans pour ne pas mériter attention.

Oui, c'eft cette facilité que les gens du plus bas peuple ont de donner à leurs enfans une éducation au deffus de leur état, qui leur donne à tous la fureur de vouloir s'élever & d'ambitionner une condition plus relevée que ce qu'ils peuvent atteindre; & qui eft caufe que la plûpart des fujets qui défertent, pour ainfi dire en abandonnant la condition de leurs peres, deviennent des gens inutiles à l'Etat, à charge à la fociété, & même dangereux par leur grand nombre, fi on ne tenoit pas la main de tems à autre à l'obfervation des loix par des exemples qui les contiennent.

Tous ces maux tirent pourtant leur origine d'une bagatelle en apparence, qui semble d'abord être un bien, mais qui comme on voit produit de malheureux effets, faute d'en faire un bon usage. On pourroit bien trouver moyen de prévenir ces maux; mais pour cela il faut remonter à la source, & commencer par réformer les abus qui en sont le principe.

CHAPITRE XV.

Réglemens proposés pour l'éducation des enfans en général, & particuliérement pour ceux des gens de métier, des commerçans &c.

Il seroit donc à souhaiter que pour contenir autant qu'il est possible chaque état dans les bornes qui lui conviennent, & pour éviter les maux qui naissent du mélange des enfans dans les écoles & les lieux publics d'instruction, il fût ordonné que toutes les communautés de marchands & artisans eussent chacune leurs écoles particulieres, où l'on ne recevroit que les enfans des maîtres & ouvriers compagnons de la communauté & non d'autres. Ces écoles, dans Paris & les autres grandes villes, seroient distribuées par quartiers autant que faire se pourroit, pour plus de commodité; mais dans les villes moyennes ce seroit assez qu'il y eût une école pour chaque communauté. On auroit soin d'en établir de particulieres pour les filles, & de ne jamais permettre d'y en admettre non plus qui ne fussent aussi enfans de la communauté. Car il n'est pas moins important d'élever les filles selon leur état que les garçons, si l'on veut que les uns & les autres y attachent leur inclination; ce qui ne peut pas se faire tant qu'ils en seront détournés par des objets qui les flattent d'une vaine espérance.

Il seroit expressément défendu d'enseigner dans ces écoles autre chose qu'à lire en François & en Latin, à écrire & à calculer. Les filles aussi bien que les garçons ne pourront recevoir d'autre éducation, du moins publique, que celle des écoles particulieres sous peine pour les peres & meres de payer une amande annuelle de 200 livres au profit de la maison commune.

Les personnes qui seront riches & en état de donner à leurs enfans une éducation différente de celle que leur profession exige, ne trouveront pas que cette amande soit un obstacle trop fort pour les arrêter. Il n'y aura aussi que les gens opulens qui pourront passer par dessus la regle en payant 200 livres par an, tant que leurs enfans seront dans les écoles publiques.

Il sera même défendu aux écoles qui seront destinées uniquement à la bourgeoisie de même qu'aux Académies pour la

noblesse, & encore aux marchands en
gros, avocats, médecins, procureurs &c.
de recevoir les enfans d'artifans quelques
riches qu'ils foient, afin qu'ils ne puiffent
en aucune maniere s'appliquer à une profeffion & à des exercices qui ne leur conviennent point.

Pour ôter toute forte de familiarité entre des jeunes gens de conditions différentes, il y aura des maîtres & des écoles
particulieres pour les enfans des claffes fu-
périeures de l'Etat, & qui feront interdi-
tes à ceux dont nous parlons: c'eft une
précaution effentielle pour conferver l'ordre entre les divers états.

Il en fera de même des filles. Elles ne
pourront être reçues dans aucuns couvents
pour y recevoir une éducation au deffus
de leur état, à moins que leurs peres &
meres ne donnent 100 livres par an à la
maifon commune. Mais comme il eft néceffaire que ces filles foient inftruites de
leur religion, pour pouvoir un jour quand
elles feront établies, y inftruire auffi leurs
enfans, il y aura dans la maifon commune un endroit exprès où deux veuves
de la profeffion qu'on aura choifies pour
les plus capables, fe chargeront du foin
de leur inftruction jufqu'a ce qu'elles aient
fait leur premiere communion. Les peres
& les meres y paieront une penfion telle
qu'ils l'auroient payée dans une maifon
religieufe, & le profit en fera pour cette
maifon commune.

Les marchands qui ne feront pas du nombre des six corps, auront leurs écoles particulieres ; & ceux des six corps auront leurs écoles communes. Ceux - ci ne pourront pas, non plus que les artifans, faire apprendre à leurs enfans rien qui fente une éducation étrangere à leur commerce, à moins qu'ils ne fe déterminent à payer à la maifon commune la même fomme par forme d'amande ; mais pourtant ils pouront mettre leurs filles en penfion dans les couvents fans que cela tire à conféquence, ceci ne doit s'entendre que des marchands des fix corps.

Peut - être quelques uns de mes lecteurs regarderont tous ces réglemens comme puérils & peu néceffaires ; mais s'ils daignent faire un peu de réflexion à ce que nous avons dit à ce fujet des abus qui fe commettent dans l'éducation de la jeuneffe, ils fentiront fans doute que la plupart des defordres dans lesquels fe plongent les jeunes gens, ont pris leur origine dans les écoles. Les enfans des marchands n'ont déja que trop de vanité dans la tête, fans qu'il foit befoin de les mettre dans le cas de s'y entretenir par des façons mal copiées & des manieres affectées, qu'ils prendront néceffairement avec des camarades d'une condition différente, peut-être par la fortune, mais à coup fûr par rapport à leur naiffance.

En fuivant les regles que je propofe, il eft certain que les peres & meres de cette

jeuneſſe ſans expérience n'éprouveroient
pas tous les chagrins qu'ils ont ſouvent à
eſſuyer de la part de leurs enfans, par le
dégoût que ceux-ci prennent de leur é-
tat, en fréquentant des perſonnes d'un
rang plus élevé, & faiſant à chaque moment des comparaiſons qui ſont humilian-
tes pour leur orgeuil & leur vanité. C'eſt
ce qui fait que quantité de fils de bons
marchands volent leur pere pour ſe mettre en état de briller & de figurer comme
leurs camarades; commencent par déran-
ger les affaires de leur famille, en ſe rendant inutiles au public & à la ſociété à
qui ils ſe doivent, & finiſſent par ſe ruiner de fond en comble, lorsque pour
leur malheur ils ont la plaine liberté de
jouïr à leur fantaiſie des biens que le pere a amaſſés à force de travail & par une
application conſtante aux affaires d'un négoce qu'ils mépriſent.

Au contraire s'ils n'avoient jamais fré-
quenté que des gens de leur ſorte, ils
auroient ignoré tous ces airs qui perdent
ceux auxquels ils ne conviennent point;
n'acquérant que les connoiſſances propres
de leur état, ils en verroient d'un autre
œil les avantages ſolides, & s'y attache-
roient, & marchant ſur les traces de leurs
peres, ils amaſſeroient du bien, & tien-
droient un rang utile dans la ſociété.

Telles ſont les vues dont un légiſlateur doit être animé, lorsqu'il a deſſein
d'établir des réglemens & des loix qui

concourent au bien de la société & du gouvernement en général, & sur-tout à l'avantage des particuliers. Il nous reste à parler maintenant des maisons communes pour les marchands. Quoiqu'elles ne soient pas en effet si nécessaires que celles que l'on vient de proposer pour les artisans, elles auront pourtant une utilité indispensable, comme on se flatte de le faire connoître au lecteur.

CHAPITRE XVI.

Des maisons communes pour les marchands, avec des observations sur les avantages qu'elles procureront au commerce & à toute la société.

On sera peut-être surpris de me voir proposer parmi le corps des marchands un établissement & des réglemens comme on a vu ci-dessus pour le corps des artisans. En effet il seroit ridicule de comparer des communautés d'ouvriers, avec le corps des marchands qu'on regarde communément comme une corps distingué, dont les moindres membres ont des facultés qui les mettent au dessus de la misere qui n'est que trop fréquente dans la classe des artisans. Ce n'est point là non plus ce que je me propose. Les Etablissemens que je projette à leur égard seront tout à fait différens des précédens au sujet des ouvriers fabriquans.

Les maisons communes qui concerneront les états commerçans & tous les états qui possedent des charges de pratique ou d'un travail non méchanique, seront nommées maisons d'association. Ce n'est pas que les principaux qui y contribueront, en aient directement besoin pour eux - mêmes, mais par les usages que l'on va voir elles seront réellement à l'avantage du commerce en général, de l'agriculture & de la population. C'est ce dont le lecteur sera à portée de juger dans la suite, & il reconnoîtra dans ces nouveaux Etablissemens des vues politiques qui tendent à faire fleurir dans le royaume, le commerce, les arts & l'agriculture.

✳✳✳✳✳✳✳✳✳✳✳✳✳✳✳✳✳✳✳✳✳✳✳✳

CHAPITRE XVII.

Réglement concernant les maisons d'association marchande, avec la maniere de procurer des fonds pour leur établissement.

Toutes les charges de marchands, notaires, procureurs, huissiers, chirurgiens, &c. & autres dont les ouvrages ne sont point des fabriques de commerce, que l'on tient en magasin, feront une société ensemble uniquement pour former la maison d'association. Pour cet effet chacun d'eux payera une taxe annuelle, mais proportionnée à la finance que leurs charges auront coûté. Cette taxe sera plus ou moins forte, selon l'étendue des besoins de la maison; mais on peut présumer qu'elle ne montera jamais plus haut que dix sols par mille livres de la finance de chaque charge; c'est-à-dire que ceux qui seront propriétaires d'une charge de dix mille livres payeront cent sols seulement par chaque année & les autres à proportion.

Il y aura dans chaque ville capitale & même dans toutes les villes épiscopales du royaume, une maison semblable; & les maisons seront plus ou moins opulentes à proportion que les villes seront plus grandes & plus commerçantes.

La direction de ces maisons sera à peu près semblable à celles des artisants; c'est-à-dire que chaque corps soit de marchands ou de gens de pratique nommera d'abord quatre sindics dont les fonctions dureront trois ans. Tous les ans on en nommera un nouveau & le plus ancien lui cédera la place. Ces sindics seront chargés de veiller à l'administration de cette maison. Tous les marchands & autres qui seront membres de l'association dans toute l'étendue du diocese qui en formera le distric, pourront affister aux assemblées pour y voir délibérer & rendre publics tous les ans les comptes de la recette & de la dépense qu'on y aura faites. Les villes un peu considérables du diocefe feront même obligées d'y envoyer ces jours là un député pour être préfent à l'affemblée & pouvoir à leur tour rendre compte au corps de leur ville de tout ce qui s'y fera paffé.

Outre les fonds annuels que nous venons d'établir pour l'entretien de ces maifons, tout garçon de boutique chez les marchands, les garçons chirurgiens, les clercs de procureurs, de notaires, d'huisfiers, &c. payeront cinq fols par mois, ce qui fera trois livres par an pour chacun; & les maîtres ou titulaires chez qui feront ces garçons & ces clercs, répondront de cette fomme & même feront obligés de payer pour eux, fauf à eux de la retenir fur leurs gages ou de s'en faire rembourfer comme ils le jugeront à propos.

Toutes les profeffions marchandes dont les charges n'excéderont pas mille écus de finance, payeront chaque année à la maifon d'affociation trois livres de taxe fixe qui ne pourra en aucun cas être augmentée ni diminuée. Le corps des riches marchands dont la profeffion ou communauté n'eft pas nombreufe, comme orphevres, jouailliers, lapidaires, bouchers, &c. feront partie de cette affociation & payeront à proportion de la finance de leurs charges de même que les autres. Toutes les profeffions d'artifans qui concernent la bouche, comme traiteurs, patiffeurs &c. feront encore admis dans l'affociation, & tous les garçons travaillant dans leurs bou-

tiques aux ouvrages de ces professions, non
compris les domestiques à gage, payeront
cinq sols chacun par mois pour cette maison, & ils en deviendront membres.

Lorsque les garçons de boutique, les
clercs & autres personnes faisant nombre
dans la société, tomberont malades, comme membres au titre que l'on vient de
dire, ils seront reçus dans la maison &
soignés avec tout les soins possibles. Mais
les clercs de procureurs & de notaires seront placés dans des chambres particulieres destinées pour eux, & où ils seront
tout au plus deux malades, ayant chacun
leur lit séparé & une garde pour eux
deux, qui ne les laissera manquer de rien,
de sorte qu'ils y seront aussi bien qu'ils
auroient pu être chez leurs parens. Les
garçons de boutique des marchands jouïront
des mêmes avantages & seront traités de
la même façon, mais on observera que
plus les professions seront distinguées,
plus les malades seront soignés avec de
certaines attentions.

Les logemens seront plus grands pour
les autres, ainsi que le nombre de lits dans
chaque chambre qui sera confiée au soin
d'une garde. Cependant jamais il ne pourra
y avoir plus de six malades dans une même
chambre & sous la même garde. Par rapport aux alimens & aux medicamens, ils
seront les mêmes pour tous.

On ne recevra dans ces maisons personne
ne même des classes dont je viens de parler, que dans le cas de maladie.

Quoique j'aie dit qu'il n'y auroit qu'une maifon pareille dans chaque ville épifcopale; cependant comme il fe trouve dans un diocefe plufieurs villes & de gros bourgs affez confidérables, on pourra établir dans ces autres endroits, à proportion de l'étendue du diocefe, plus ou moins d'autres maifons particulieres pour la commodité publique. Mais ces maifons feront des annexes dépendantes de la maifon principale, & tous les revenus en feront mis en commun & ne formeront qu'une maffe, afin qu'elles puiffent s'entre-aider mutuellement, & que les fecours puiffent y être diftribués à propos, & à la portée de tous les membres de l'affociation.

On obfervera pareillement que tous voyageurs foit étrangers ou non, qui en paffant leur chemin tomberont malades, pourront fe faire porter dans ces maifons d'affociation, pourvu qu'ils foient d'une profeffion à être membres de ces maifons. Ils y feront reçus gratis, & traités pendant tout le tems de leur maladie jufqu'à leur guérifon, même auffi pendant leur convalefcence & jufqu'à ce que le médecin juge qu'ils puiffent, fans crainte de rechûte, retourner à leurs occupations. Cependant quiconque fera attaqué de maladies honteufes, ne pourra être admis dans la maifon, quand même il en feroit membre. Ces fortes de maux ne feront traités que dans les maifons de force comme il eft d'ufage.

Ces maisons d'association recevront aussi le petit peuple habitant du lieu même, où l'établissement sera formé. Lorsque nous parlerons de cette classe de peuple dans un article particulier, nous proposeront des réglements pour fixer à cet égard l'usage qu'on pourra faire de ces maisons.

S'il arrive que les revenus provenant de la cotisation levée sur les garçons marchands, clercs & autres qui payeront, comme on l'a dit, trois livres de taxe annuelle, puissent suffire à l'entretien de la maison d'association ou du moins qu'ils approchassent du montant de la dépense, alors la taxe de dix sols par mille livres imposées sur les charges affectées à la dite association, diminueront d'autant; car il ne faut la regarder que comme une ressource à laquelle on aura recours seulement dans le cas où les fonds particuliers assignés sur les personnes qui payeront au plus un écu par an, ne puissent pas remplir les dépenses de l'année. On apperçoit donc que les corps de marchands & les gens de robe, de pratique & autres que nous avons spécifiés, auront un intérêt sensible de veiller à la bonne régie & administration des revenus de cette maison, puisqu'ils seront obligés de suppléer & de fournir pour l'excédent de la dépense, s'il y en a.

Le clergé ni les ecclesiastiques n'auront aucune sorte de connoissance ni d'inspection sur le temporel de ces maisons d'association ni même fur les maifons commu-nes. C'eft le moyen d'éviter les troubles & de conferver aux principaux chefs de l'affociation tous leurs droits, afin que la bonne adminiftration ne foit jamais alté-rée. A l'égard du fpirituel, il y aura pour chacune de ces maifons un aumonier approuvé par l'Evêque & qui fera payé par les findics de la maifon; mais les dits findics auront le droit de le con-gédier & de le remplacer par un autre, auffi approuvé par l'Evêque.

CHAPITRE XVIII.

Du petit peuple à qui l'on permettra d'habiter dans les grandes villes du royaume.

Nous avons déja fait fentir au com-mencement de cet ouvrage, qu'il étoit très important pour le bien du commerce & de la population, que la police ne permît aux gens du petit peuple de former des E-tabliffemens dans les grandes villes, que jufqu'à la concurrence du nombre ftricte-ment néceffaire dans chaque claffe pour le fervice de la ville. Prenons Paris pour modele, & voyons les regles qu'il fau-droit établir pour parvenir à notre but.

Il faudroit former un bureau général pour enrégiftrer tout ce peuple, & don-ner à chaque particulier une médaille :

on fixeroit à chacun un quartier de département dont il feroit fait mention fur
le régiftre & même fur la médaille par u-
ne lettre de l'alphabet ; de forte qu'il ne
pourroit pas aller exercer fon induftrie
ailleurs que dans le quartier qui leur feroit
affigné.   Il prendroit auffi un certificat ou
permiffion de la police, en même tems
que la médaille, pour lesquels il payeroit
une fois pour toute 30 fols & qui lui fervi-
roient l'une & l'autre, tant qu'il demureroit
dans le quartier & qu'il feroit le métier
pour lequel il fe feroit fait enrégiftrer.
Pendant tout ce tems il feroit obligé de
porter toujours fa médaille apparente fur
l'habit. Au moyen du régiftre & du nombre des médailles diftribuées, on connof-
troit à la police quand le nombre d'ouvriers néceffaires de chaque forte feroit
rempli, & pour lors on ne donneroit plus
de médailles ni de permiffions.

On auroit attention de ne recevoir, autant que faire fe pourroit, que des gens
mariés, & logés dans leurs meubles, ou
du moins de leur donner la préférence fur
les garçons non établis.

A l'égard des femmes de halle, qui ne
feront pas en charge & à qui on permettra
le commerce de quelque régrats, foit de
fruits, de légumes, ou de poiffons qu'elles
étalleront dans les places publiques & les
carrefours qui leurs féront indiqués, elles
obtiendront des brevets de la police &
des plaques qu'elles porteront pour mar-
que

oue de leur droit. Mais on n'accordera
de ces brevets qu'à des femmes mariées
ou veuves de ces hommes qui auront aussi
des brevets pour le service du public, tels
que les porteurs d'eau, les crocheteurs,
faiseurs de commissions, scieurs de bois
à brûler, charretiers, fiacres &c. & autres
gens dont le travail & l'état ne seroit pas
érigé en charge, n'en étant guere suscep-
tible par sa nature.

Toutes ces sortes de gens seront reçus
à la maison d'association des marchands.
Ils payeront par ménage trois livres de
taxe annuelle ; & s'ils ont de grands enfans,
garçons ou filles qui portent la plaque,
chacun d'eux payera cinq sols par mois au
profit de la maison d'association, où ils
auront droit lorsqu'ils seront malades ou
infirmes, d'aller se présenter pour y être
soignés & médicamentés jusqu'à parfaite
guérison. Il en sera de même des ouvriers
garçons ; ils payeront exactement au bureau de l'association, cinq sols par mois &
y seront pareillement enrégistrés.

Le bureau de la maison prendra au bureau de la police un relevé de tous ceux
qui auront brevet & qui seront employés
dans les différens quartiers avec leur demeure : & il y aura deux personnes chargées de faire la levée de cette taxe, qui
en suivant cet état ou régistre, parcou-
reront tous les mois les différens quartiers
pour recevoir cet argent. Ainsi les pauvres pour qui cette maison sera principale-

ment établie contribueront, chacun proportionnellement à sa condition, à se
procurer les soulagemens nécessaires en
cas de maladie.

D'après ce plan il résulte que la maison
d'association ne sera point un lieu de charité comme sont aujourd'hui tous les hôpitaux. Par conséquent les peuples auront
moins de répugnance à y aller recevoir
du soulagement, & qui pour la plus grande partie aiment mieux périr de misere
chez eux que d'aller à l'Hotel-Dieu pour
se faire guérir. En effet ils y voyent une
si grande confusion, on y a si peu de soin
des malades à cause de leur trop grand
nombre, & il y regne un air si mal-sain,
que la seule idée qu'on s'en fait suffit pour
décourager les malades, augmenter leurs
maux & les faire périr de chagrin: au lieu
que dans la maison que je propose, tout
y sera administré d'une façon plus réguliere. Si les sindics n'y apportoient pas
tous leurs soins, la police y veilleroit, &
maintiendroit l'exécution des réglemens
dans toute leur étendue: les pauvres de
quelque état qu'ils fussent, seroient en droit
de lui addresser leurs plaintes & on y mettroit ordre sur le champ.

Pour ce qui est des personnes qui seront
chargées du soin de l'intérieur de ces
maisons, il y aura outre les sindics de
l'association, des hommes & des femmes
qui auront le titre d'économes, pour
veiller, travailler même à tout ce qui
concernera l'état d'administrateur. On

choisira les uns & les autres dans la classe des marchands qui voudront quitter le commerce & à qui la fortune n'aura pas été favorable. Ils pourront, pourvu qu'ils ayent de bonnes mœurs & une réputation sans tâche, aspirer à cette qualité d'économes qui durera tout le reste de leur vie.

Ces économes, tant hommes que femmes, seront logés, nourris, & vêtus dans la maison avec distinction, & suivant leur état; mais ils ne pourront disposer de rien de ce qui appartient à la maison en faveur de leurs parens & amis, ni même leur donner à manger. Il en sera de même des hommes & femmes du petit peuple qui y seront reçus pour le service des malades.

Le projet qu'on vient de détailler offre des vues bien vastes pour travailler à la conservation du bas peuple si utile à la société. Mais ce n'est point encore ici le lieu de faire le dénombrement de tous les avantages qui résulteront de ces nouveaux établissements. Il faut auparavant parcourir quelques professions exercées par le petit peuple & dont nous n'avons pas encore parlé : lorsque nous aurons tout analisé, nous présenterons au lecteur comme dans un tableau général tous les biens que produiront ces différentes combinaisons & établissemens : l'ensemble formera une chaîne politique dont la force opérera enfin une augmentation considérable de la population dans toute l'étendue du royaume.   M 2

LIVRE QUATRIEME.

Des peuples de la campagne.

✳❈✳❈✳❈✳❈✳❈✳❈✳❈✳❈✳❈✳❈✳❈✳❈✳❈✳❈✳

CHAPITRE I.

De l'état des laboureurs & de tous les ou-
vriers dont la profession est de travailler à
la terre.

Il est assez d'usage parmi nous de regarder le peuple cultivateur, c'est-à-dire
la classe des paysans comme inférieure à
celle des artisans. Ce préjugé vient sans
doute de ce qu'on s'est accoutumé à préférer le séjour des villes & tout ce qu'elles renferment aux campagnes qui sont rarement les endroits où la richesse abonde.
Si on considéroit l'utilité des différentes
professions plutôt que la richesse de ceux
qui les exercent, on ne balanceroit pas à
accorder le premier rang au peuple cultivateur, puisque c'est lui qui nous procu-
re les denrées de la plus indispensable nécessité. Cependant pour ne point heurter
de front le préjugé reçu, nous nous con-
formerons à l'usage établi, sans pourtant
perdre de vue la distinction particuliere
que cette classe mérite.

Si l'on veut qu'un Etat devienne riche
& florissant, il faut nécessairement y éta-

blir des loix qui tendent à favoriſer la culture des terres; & que ces loix, autant
qu'il eſt poſſible, ſoient à l'avantage de
la partie du peuple qui fait de l'agriculture ſon occupation la plus ordinaire. Par
un malheur dont les mauvaiſes ſuites ne
ſont que trop ſenſibles, il ſemble que notre Gouvernement ait abſolument abandonné les cultivateurs aux loix du ſort,
tandis qu'il répand tous les effets d'une
protection marquée ſur les arts qui ſont
bien moins néceſſaires.

Sans blâmer cette protection qui au
contraire mérite les plus grands éloges,
nous croyons pouvoir avancer que l'agriculture mérite d'être traitée au moins auſſi
favorablement. Les réglements que nous
avons propoſés ci-devant tendent déja à
favoriſer tous les genres de culture des
terres; mais il faut lui donner des attraits
encore plus puiſſans pour la faire aimer
& même préférer à toute autre profeſſion.

Il y a une infinité de maux qui ſemblent
n'être attachés qu'aux malheureux habitans des campagnes. Tout le poids & les
charges de l'État ne tombent pour ainſi
dire que ſur eux. Eſt-on obligé par la difficulté des circonſtances à établir de nouveaux impôts, ils ſont les premiers à s'en
reſſentir, & l'on appeſantit tellement la
main ſur eux, qu'il leur devient preſque
impoſſible de s'aquitter de la portion dont
on les accable. Ils ne poſſedent preſque
ſous que des deſrées qui ſont le fruit de

leurs travaux, & on les oblige à payer en argent; cette espece de transmutation leur cause tant de peine, de faux fraix & de tems perdu, qu'ils aimeroient beaucoup mieux payer leur imposition en nature, & même payer plus s'il le falloit. La précipitation avec laquelle ils sont contraints de vendre leurs denrées pour payer le Roi, fait qu'ils ne peuvent pas attendre les saisons où la vente est plus favorable; ce qui les force de vendre leurs grains à perte, & cause en général à tous les cultivateurs un préjudice infini, & souvent retarde ou dérange les opérations nécessaires & le travail des terres.

Cet article est un point qu'on ne sauroit évaluer, on ne considere pas que souvent une journée de perdue pour un laboureur ou même un manœuvre qui travaille à la terre, fait un tort qui ne peut plus se réparer. Combien ne leur en fait-on pas perdre mal-à-propos par des courses inutiles!

Si l'Etat est en guerre, ce sont les peuples de la campagne qui par le sort de la milice fournissent le gros de nos troupes.

Il faut encore qu'ils aillent à la corvée. La moindre entreprise que l'on fasse pour le Roi, soit construction de chemins ou autres travaux, les entrepreneurs obtiennent aisément des ordres pour faire faire par corvée les voitures. La seule réparation des chemins royaux dans tout le royaume fait peut-être plus de mal au

peuple cultivateur, que tous les impôts
qu'on a exigés de lui. Cela eſt monté à
un point inexprimable. Il faut avoir vu
toutes ces manœuvres de près & connoître les abus criants qui ſe commettent de
la part des gens prépoſés à la direction des
chemins, pour ſentir tout le préjudice que
cela cauſe à la campagne.

Ceux qui ont donné les premieres idées
de l'établiſſement des corvées, ont cru
ſans doute avoir imaginé des moyens ad-
mirables pour le bien du commerce &
pour l'imbelliſſement du royaume; mais
ils ignorent une combinaiſon de détails
qui ne ſont pas à la portée de tout le
monde, & s'en ſont tenus à la connoiſſance
d'une ſimple théorie qui ſans la pratique
n'eſt propre qu'à former des ſpéculations
vagues, le plus ſouvent ſujettes à de grandes mépriſes.

Tous les maux que je viens d'indiquer
& qui attaquent les peuples des campagnes
ſont très grands. D'autres avant moi en
ont ſenti toute la force & fait remarquer
toute l'étenduc, il ſeroit inutile de nous
appeſantir ſur ces objets, nous ne pour-
rions le faire ſans répéter ce que les autres
en ont dit. Il ſeroit fort à déſirer pour l'a-
vantage de l'état, qu'on remédiât à tous
ces abus. Les moyens n'en ſont pas ſi
difficiles qu'on le pourroit croire. On le
verra par la ſuite de cet ouvrage. Pour le
préſent nous nous propoſons un autre ob-

jet fur lequel je ne crois pas que perfonne ait encore porté fes vues.

Lorsque le peuple qui habite les grandes villes fe trouve dans l'extrême mifere & y eft tombé malade, il eft à portée de trouver du foulagement à fes maux , foit parce que les charités établies dans les paroiffes lui fourniffent des fecours dans fes befoins, foit par ce que les hôpitaux lui font ouverts & qu'il y trouve un azyle en cas de maladie. Mais pour les pauvres gens de la campagne , s'ils viennent à tomber malades comme il n'arrive que trop fouvent, attendu les travaux forcés qu'ils font obligés de faire, ils font privés de toute forte de fecours; tout le monde y eft fi fort à l'étroit qu'il y a peu de gens en fituation de faire des charités, au lieu que tous les gens riches au contraire font raffemblés dans les villes, & que les hôpitaux préfentent toujours des reffources aux pauvres.

Il n'eft point queftion d'hôpitaux dans les campagnes; il faut qu'un miférable qui tombe malade périffe faute de fecours. Quand il voudroit fe faire conduire dans les hôpitaux des villes ; en auroit il le moyen? Quand il l'auroit, pour peu qu'il en foit éloigné, l'état de fa maladie lui permettra-t-il de fe faire tranfporter fans rifquer fa vie en s'expofant à la fatigue du voyage? Le pût-il faire encore fans un danger imminent, on portera la dureté

ſuſqu'à faire des difficultés pour le recevoir, ſouvent ſous le prétexte le plus
vain.

Voilà pourtant à quoi ſont réduits ces
hommes précieux qui s'occupent perpétuellement à cultiver la terre & ſemer
notre ſubſiſtance. Pouvons-nous être in-
différens à leur état? Une pareille dureté répugne à la nature, & ſeroit même
oppoſée à nos propres intérêts: ſi parmi
tant de maux qui les accablent, nous pou-
vions en ſupprimer quelques uns ſur-tout
de ceux qui attaquent leur ſanté & mettent leur vie en danger, nous aurions rendu un ſervice eſſentiel à la ſociété & à
l'Etat. C'eſt à quoi nous allons travailler
en propoſant d'établir dans les campagnes
des maiſons d'aſſociation, où le petit peuple trouvera dans le pays même des ſoula-
gemens prompts & efficaces en cas de miſere ou de maladie. Nous ſuivrons à peu
près à cet égard le même plan que nous
avons tracé ci-devant pour les maiſons
d'aſſociation du corps des marchands.

CHAPITRE II.

Projet d'un nouvel Etablissement pour des maisons d'association dans toutes les campagnes, à l'usage des pauvres paysans qui y travaillent.

On formera dans les campagnes de petits cantons qui contiendront chacun environ trente paroisses, & on fera construire dans chacun de ces districts, une maison d'association.

On choisira pour l'emplacement de cette maison un endroit qui soit, le plus que faire se pourra, au centre de ces trentes paroisses. En même tems on aura attention que ces maisons soient environnées de terres vacantes & de landes, ou d'un fond ingrat & de peu de rapport. L'association achettera des propriétaires, ces terres vacantes pour les posséder à perpétuité, au moyen d'une rente annuelle qu'elle se chargera de leur payer du moins jusqu'à ce qu'elle puisse la rambourser commodément : on y joindra le plus que l'on pourra de ces landes, & même de celles qui se trouveront être à quelques distances de cette maison, quand même elles en seroient à un quart de lieue ; on aura grand soin de les réunir, si l'on peut, au domaine de cette maison.

Passons maintenant à la fixation des premiers revenus que cette maison pourra avoir. Il sera fait un Réglement par lequel généralement toutes les charrues de labourage dépendantes du district de la maison d'association payeront par chaque année un certain droit à cette maison.

Ce droit sera d'abord fixé à 6 livres pour chaque charrue attelée de deux bœufs.

Celles qui seront conduites par trois forts chevaux payeront 10 livres.

Celles qui seront tirées par deux vaches 4 livres.

Celles qu'on ne fera tirer que par des bêtes asines donneront seulement 3 livres.

Tous domestiques travaillant expressément à la terre ou servant dans les maisons de campagne, dans les bourgs & les villes dépendantes du district des trente paroisses, à l'exception des grandes villes, payeront tous les ans à cette maison la vingtieme partie de leurs gages, soient hommes ou femmes.

Les familles des manœuvriers travaillant à la terre & allant en journée, vivant & demeurant chez eux, payeront 1 liv. 10 sols par année pour chaque chef; & s'ils ont des enfans déja grands, qui travaillent à la terre & demeurent avec eux, ces enfans payeront aussi par tête les garçons 1 livre chaque année, & les filles 15 sols.

Les maîtres artisans qui ont des professions nécessaires au labourage, comme les chârons & les maréchaux, qui habi-

tent les campagnes pour être à portée du
service des laboureurs payeront, savoir
les maîtres 3 livres par année, & leurs enfans travaillant ou leur compagnons deux
sols & demi par mois, ou 1 livre 10 sols
par an.

Toutes ces sommes seront levées exactement tous les ans par les sindics que les
paroisses nommeront. Il y aura quatre
sindics en charge, pour ce qui concerne
la maison. Tous les ans on en nommera
un nouveau, & le plus ancien sortira de
charge. Chaque paroisse aura le droit
d'en fournir à son tour. On se gardera
bien de nommer pour sindics de ces maisons des bourgeois ou des gens de pratique.
On choisira entre les laboureurs fermiers
ou métayers, de bons paysans intelligens
& d'une probité reconnue pour veiller à
la perception des revenus de cette maison, & à l'emploi qui s'en fera par les économes régisseurs.

Outre les sindics dont nous venons de
parler, on fera encore élection d'un pay-
san à son aise & qui ait du bien en propre
dans l'étendue du district, pour être le
caissier & le receveur général des revenus
de la dite maison. Il lui sera alloué par
forme d'honnoraire six deniers pour livres
de tout l'argent qu'il recevra. On aura
soin de ne changer ce receveur que le
moins qu'on pourra, c'est-à-dire seulement dans le cas d'incapacité ou de négligence grave, ou de malversation, ou s'il ne

vouloit plus faire la recette. Mais ce receveur dès qu'il aura une fois commencé, sera obligé d'en continuer les fonctions au moins pendant quatre années de suite, & de tenir un état exact de l'argent qu'il donnera à fur & à mesure qu'il le distribuera au principal économe qui sera chargé de l'administration de l'intérieur de la maison. Tant que le receveur sera en place, sa paroisse sera obligée de faire la corvée pour lui, & il sera exempt de logement de gens de guerre, de la collecte, de tutelle & curatelle, & autres charges publiques semblables. On fera en sorte autant qu'il sera possible de le choisir dans la paroisse même où sera placée la maison d'association, afin qu'il en soit plus à portée, pour remplir ses fonctions.

Il y aura deux régisseurs ou économes: on choisira pour cet effet parmi les paysans de bonne réputation deux personnes de bonne volonté, veufs, sans famille, & surtout des gens capables & intelligens, & qui soient recommandables par un esprit d'ordre & par une probité connue. Le plus ancien présidera dans la maison ; & chacun d'eux aura ses fonctions particulieres. Ils se rendront compte l'un à l'autre de ce qu'ils feront, & n'entreprendront rien qui soit d'une certaine conséquence, que du consentement & par une délibération faite entre les sindics & eux.

Tous les mois on tiendra une assemblée

générale pour rendre les comptes, & vifiter les malades, pour s'affurer s'ils font
bien foignés & tenus proprement. Les
plus notables d'entre les payfans auront
droit d'affifter à cette affemblée, fans que
la maifon foit obligée à aucune dépenfe,
repas ni autres fraix.

Il y aura pareillement trois gouvernantes dont les fonctions feront de veiller à
la propreté, à avoir foin du linge de la
maifon, du traitement des malades, de la
nourriture tant des malades que du refte
des gens de la maifon. Elles veilleront
auffi fur tous les animaux domeftiques
qu'on élevera au profit de la maifon, &
commanderont fur les domeftiques fer-
vans. Chacune aura fon département fe-
paré : elles fe rendront compte les unes
aux autres; & affifteront à toutes les af-
femblées où elles auront voix délibérative, & où elles rendront compte publi-
quement de la branche d'adminiftration
dont elles auront été chargées.

Ces gouvernantes feront auffi des veuves de bonne volonté qui auront envie
de fe confacrer au fervice des pauvres;
elles refteront dans la maifon toute leur
vie fi bon leur femble, ainfi que les économes, & elles y exerceront leur charge
tant que les findics le jugeront à propos,
& que les uns & les autres s'aquitteront
fidélement & avec zele de leurs devoirs.

Il y aura un nombre de domeftiques de
l'un & de l'autre fexe, pour faire le fer-

vice de la maifon d'affociation. On ne prendra pour cela que des perfonnes raifonnables qui fe rendront de bonne volonté dans ces maifons, pour y fervir, & y trouver par leur bonne conduite un azyle pour y paffer le refte de leurs jours.

Il y aura pareillement un chirurgien expert dans fon art, qui fera gagé par la maifon, & à qui on donnera un logement pour lui & pour fa famille.

Le Curé de la paroiffe où fe trouvera la dite maifon, y fera le fervice divin les fêtes & dimanches; & pour cet effet il aura de fon Evêque la permiffion néceffaire pour biner, ou dire deux meffes ces jours de dimanches & de fêtes. Ce Curé n'aura de pouvoir que fur le fpirituel de la maifon; cependant il pourra vifiter le bouillon des malades & examiner s'ils font bien traités; afin que dans le cas que quelques uns auroient lieu de fe plaindre, il pût faire fes reprefentations aux findics, & même, fi on n'avoit point d'égard à fes remontrances, fe plaindre aux magiftrats prépofés pour veiller au maintien de la police de cette maifon. Mais il ne fe mêlera en rien de l'adminiftration, & n'aura pas d'autre infpection que comme procureur né des malades.

CHAPITRE III.

*Quel feroit à peu près le revenu de chaque
maiſon d'aſſociation dans les campagnes, &
du nombre de malaⁱes qu'elles pourroient a-
voir communément.*

Quoique les paroiſſes dans les campagnes ſoient plus fortes les unes que les autres & que leur territoire ſoit plus ou
moins étendu, on peut cependant les
eſtimer du fort au foible à vingt charrues
par paroiſſe : ce qui fait ſix cens charrues pour les trentes paroiſſes. Mais il
pourroit ſe faire, quoique par un grand
hazard, que toutes les paroiſſes d'un diſtrict fuſſent petites & que le pays ne fût
pas fertile. Réduiſons donc le nombre des
charrues à quatre cens par diſtrict de trente paroiſſes ; & prenant une eſtimation
moyenne, fixons la taxe à cinq livres
par chaque charrue : ce qui fera pour les
quatre cens, 2000 livres de rente.

S'il y a dans les trente paroiſſes autant
de domeſtiques au ſervice ſoit de la nobleſſe, des bourgeois, des Curés, ou des
fermiers, à 2 livres par an du fort au foible, cela fera un objet de 800 livres.

Les manœuvriers de toute eſpece travaillant à la journée ou autrement, avec
les artiſans qui travaillent aux uſtenciles
néceſſaires pour le labourage, peuvent
bien monter tout au moins au nombre de
ſix

fix cens : & en les eſtimant du fort au foible à raiſon de 1 liv. 5 ſols par tête, nous aurons pour chaque année la ſomme de 750 livres.

Toutes ces ſommes enſemble forme- ront celle de 3550 livres de revenu an- nuel, pour ſervir de fondation & de com- mencement à l'établiſſement d'une maiſon d'aſſociation pour ſoulager les pauvres gens de la campagne dans leurs maladies.

Nous allons maintenant entrer dans le détail de la conſtruction de cette maiſon faite à la campagne. Comme nous avons acquis de l'expérience pour tout ce qui regarde cette partie, nous ferons voir à nos lecteurs, ce que peut faire l'économie & une bonne adminiſtration. On jugera par cette eſquiſſe de la différence qu'il réſulteroit de cette façon de faire, com- parée à ce qui ſe pratique actuellement dans les maiſons de charité.

CHAPITRE IV.

Détail du plan d'une maiſon d'aſſociation bâtie à la campagne pour ſervir aux pauvres ma- lades d'un diſtrict de trente paroiſſes ou environ.

Nous ne pouvons nous diſpenſer d'en- trer dans un détail un peu étendu touchant cette maiſon, afin de préſenter ſous les

Tome I. N

yeux de nos lecteurs une idée juste de notre projet. On en pourra faire des applications à d'autres objets aussi intéressants. Un moyen d'économiser, quel qu'il puisse être, offre toujours des vues dont on peut profiter dans la pratique suivant les occasions qui se présentent. Il n'en seroit pas de même si on ne parloit des choses qu'en racourci, & d'une maniere qui ne serviroit qu'à offrir des points de vue vagues & chimériques. Car la plupart des hommes ne pouvant pas saisir un projet dans toute son étendue parce qu'il n'est pas assez développé, trouvent une foule d'obstacles qui les arrêtent & qui leur font concevoir une idée désavantageuse de l'ouvrage qui alors leur paroît impossible dans l'exécution, au lieu qu'en leur applanissant d'abord toutes les difficultés, ce qu'ils auroient pris pour une fable, leur paroît alors une vérité claire & sensible.

On pourroit donc penser peu favorablement de tout ce que nous avons proposé, si nous n'entrions dans des explications propres à faire sentir la justesse de nos idées & à leur donner un certain poids. Le détail auquel nous allons descendre au sujet de cette maison d'association dans la campagne, formera un plan d'administration & d'économie, qu'on pourra appliquer en général à tous les nouveaux établissemens que nous avons indiqués & à d'autres encore que l'on verra dans la suite de cet ouvrage.

CHAPITRE V.

Description d'un bâtiment pour loger les malades & toutes les personnes qui seront employées à leur service.

Sur un terrain quarré long de soixante quinze pieds de longueur en face sur la cour d'entrée, & soixante d'épaisseur, on construira un bâtiment divisé en six grandes pieces de plain pied, avec un grand corridor dans le milieu, & régnant sur toute la longueur, à chaque extrémité duquel il y aura par bas des portes vitrées depuis l'imposte jusqu'en haut, de six pieds de largeur sur dix de hauteur, & des degrés au retz de chauffée, pour entrer de chaque côté dans une cour au devant garnie d'arbres plantés en quinconce, afin de procurer aux convalescens une promenade où ils soient à couvert de l'ardeur du soleil & des incommodités du grand air.

Pour entrer dans le détail de l'intérieur des appartemens, chacune des pieces dont nous venons de parler aura vingt-deux pieds de grandeur en tout sens, mesurés en dedans œuvre, ce qui sera suffisant pour loger dans chacune cinq lits de quatre pieds de largeur, avec deux pieds d'espace vuide entr'eux. Chacune de ces chambres aura une grande croisée pour lui donner du jour, une cheminée, & l'en-

trée des portes, le tout ménagé à propos.
La piece du milieu donnant fur la cour
d'entrée fera employée à faire un efcalier
qui régnera depuis les caves jufqu'aux Galetas.

Ce corps de logis aura donc un retz de
chauffée & deux étages au deffus, des
caves en deffous, & par deffus le tout il y
aura un galetas qui fervira à étendre le
linge dans les faifons pluvieufes.

Le retz de chauffée fera employé pour
le logement des hommes malades ; le
premier étage pour les femmes ; le fecond
fera diftribué un peu différemment, & on
y logera les trois gouvernantes chacune
dans fa chambre féparée, & outre cela les
femmes qui foigneront les malades & celles qui ferviront à la cuifine. Il y aura
dans la chambre de la premiere gouver-
nante un petit cabinet qu'on y ménagera
pour ferrer les drogues, & tout ce qui
concerne la pharmacie.

Les caves au nombre de cinq pieces,
non compris l'efcalier ni le corridor qui
régnera à tous les étages de même, feront très bien éclairées, parce que le corps
de logis ou retz de chauffée étant élevé
de 4 pieds au deffus du niveau du terrain,
il y aura à chacune de ces caves le même
nombre de croifées qu'aux autres pieces
qui feront au deffus. Ces caves ferviront
l'une pour la cuifine, la feconde pour la
boulangerie & buanderie, la troifieme pour
ferrer le bois à brûler, la quatrieme pour

le vin & la cinquieme pour toutes les pro-
viſions de bouche.

A l'égard des corridors nous leur avons
donné douze pieds de largeur, & beaucoup de jour, afin qu'ils aient bien de
l'air, & qu'ils puiſſent ſervir de promenade & de récréation aux malades pendant
les tems pluvieux, & lorsqu'ils ne pourront
pas ſe promener de-hors.

Toute la partie du terrain en face du
corps de logis & des deux cours latérales
ſur le derriere, ſera employée à faire un
jardin potager à l'uſage de la maiſon. On
y pourra conſacrer trois ou quatre arpens
de terre tout au plus que l'on fera clore
de murailles de neuf à dix pieds de hauteur. Les deux cours latérales ſeront pareillement fermées de murs du côté où il
n'y aura point de bâtimens; & ce ſera
par ces cours qu'on entrera dans le jardin
& non pas par le corps de logis.

A droite & à gauche de la cour d'entrée, il y aura des bâtimens, deſtinés
particuliérement pour loger les beſtiaux
de labourage, les vaches à lait, &c. Il y
aura une grange, pour ſerrer les foins &
autres fourages deſtinés à la nourriture
des chevaux & du bétail pendant l'hiver;
& au deſſous de ces foins ſeront logées
ſous des remiſes les charrettes, charrues
& autres uſtenciles du labourage. Au
deſſus des logemens des beſtiaux ſeront
ceux des ouvriers, & de toutes les per-

sonnes qui seront employées à la culture des terres & au soin du bétail.

Il y aura à chaque coin de la cour des escaliers pour monter dans la partie supérieure de ces bâtimens; & ces escaliers n'auront aucune communication avec le corps de logis des malades.

Chacun de ces bâimens aura une cour particuliere, & c'est dans ces bâtimens que logeront les directeurs économes, un de chaque côté. Leur appartement sera seul & séparé de ceux des ouvriers ; & chacun d'eux veillera commodément sur la partie des ouvriers, qui lui sera assignée, afin de pouvoir leur distribuer les travaux & d'avoir l'œil sur leur conduite.

Les dimensions de ces édiffices latéraux seront de 75 pieds de longueur; savoir, les logemens des bestiaux auront dix-huit pieds en dedans œuvre, leur élévation sera de vingt pieds au dessus du retz de chaussée, ce qui sera partagé en deux parties égales, l'une formant le bas consistera en étables, & l'autre sera destinée pour les chambres des ouvriers. Les granges auront pour leurs dimensions mesurées en dedans œuvre quarante pieds de longueur sur trente-quatre en largeur.

A l'entrée de la cour de chaque côté il y aura deux petits bâtimens, faits en rond, & dont le diametre intérieur sera de vingt pieds pour chacun. L'un des deux par le bas servira pour loger les bêtes à laine,

& anticipera un peu dans le bâtiment du côté du veſtibule de la porte principale d'entrée. L'autre logement rond paralelle, ſervira par le bas à ſerrer le grain & à l'empiler ſuivant une nouvelle méthode que j'enſeignerai dans la ſuite de cet ou-vrage.

Indépendamment de ces deux logemens & des paſſages de quatre pieds de largeur que l'on conſervera pour leur uſage , il y aura encore quatre petits logemens. Le premier ſera deſtiné pour le poulailler, le ſecond pour les oyes; le troiſieme ſervira de logement aux cochons, & le quatrieme aux poulets d'Inde.

De ces quatre petits logis ou étables les deux qui donneront ſur la cour auront auſſi leur porte dans la cour. Les deux autres auront leur entrée ſous le grand veſtibule. Ceux - ci ſeront pour les oyes & les pourceaux, au lieu que les deux autres ſerviront à la volaille de baſſe cour.

Par deſſus tous ces logemens qu'on vient de dire, on fera des greniers où l'on mettra le grain en épi.

Des deux bâtimens en rond, le pre-mier ſera deſtiné pour y conſtruire un moulin à battre & moudre le grain de la maiſon; nous en donnerons le deſſein, & l'explication de ſa méchanique dans la ſuite de cet ouvrage ; il ſeroit déplacé ici & ne feroit que jetter de la confuſion. A l'égard de l'autre tourelle oppoſée à celle du moulin, ſa partie qui ſera élevée au deſſus des bâtimens & qui s'élevera à la même hauteur, que le moulin ſera employée à un colombier.

Telle eſt l'idée & le plan de tous les bâtimens que nous propoſons de conſtruire pour une maiſon d'aſſociation à la campagne, à l'uſage des malades de chaque diſtrict de trente paroiſſes. Si on comparoit cette conſtruction à la façon dont on bâtit dans les grandes villes, la dépenſe en paroîtroit immenſe ; mais ſi on la conſidere eu égard à la façon dont on conſtruit à la campagne & ſur tout pour le bas peuple, la choſe paroîtra alors bien différente & d'une exécution bien facile, tant pour ſon étendue que pour les frais de conſtruction.

On y obſervera toute la ſimplicité poſſible, ſans cependant en négliger la ſolidité qu'il convient de donner aux différens bâtimens. Les murs ſeront bâtis de moellons & de briques dans les endroits où la pierre n'eſt pas commune, ainſi que nous avons projeté de l'enſeigner exprès dans les volumes ſuivants, lorſque nous traiterons de l'économie des bâtimens. Si on les bâtit en pierre, il n'y aura que les encoignures, les portes & les fenêtres qui ſoient en pierre de taille. Les fondations ſeulement juſqu'à la hauteur de quatre pieds au deſſus du niveau du retz de chauſſée avec les voutes des caves, ſeront faites à chaux & ſable, à cauſe de l'humidité. Tout le reſte des murs fera conftruit avec du mortier de terre. Il n'eft pas mauvais quand on a foin de bien choifir la terre. J'ai vu bien des bâtimens plus élevés que ceux que je propofe, qui ne font pas autrement conftruits & qui cependant font très folides.

A l'égard de la voiture des matériaux, les paroiffes y contribueront un peu par des corvées qu'on fera faire tous les ans, dans les tems où les travaux de la campagne ne preffent point. Car il ne faut pas s'imaginer que le tout puiffe s'exécuter dès la premiere année ni même à la troifieme, il faudroit pour cela des fonds confidérables & nous n'en avons pas. Ainfi, comme la conftruction ne fe fera que peu à peu, elle coûtera bien moins : même il n'y aura prefque que les logemens les plus indifpenfablement néceffaires qui coûteront. Pour les autres, & fur tout les murs de clôture, je ferai voir que la dépenfe en reviendra à fort peu de chofe. Cependant pour la fatisfaction des lecteurs, nous allons faire à peu près une eftimation de ce que pourront coûter les bâtimens d'une néceffité abfolue, conformément aux prix ordinaires des ouvriers & des matériaux dans les provinces & fur tout dans les campagnes. Ce détail me paroît néceffaire pour faire connoître l'économie & l'emploi de nos fonds, qui quoique très modiques comme on l'a vu plus haut, ne laifferont pas que de faire au deffein de ces nouveaux établiffemens.

N 5

CHAPITRE VI.

Estimation des premieres dépenses qu'il faudra faire pour bâtir.

Il est d'usage dans plusieurs provinces du royaume & sur tout à la campagne, de ne payer que quatre livres pour la façon de chaque toise quarrée des murailles faites de moellons & qui n'ont que deux pieds d'épaisseur, pourvu que ces murs ne s'élevent pas à plus de trente cinq pieds de hauteur. Quand ils n'ont que vingt pieds de haut, on ne paye que trois livres dix sols par toise; s'ils n'ont que dix-huit pouces d'épaisseur, on donne trois livres; pour les murs de dix-huit pouces & qui ne s'élevent pas plus haut que dix pieds, le prix commun est de deux livres pour chaque toise quarrée, bien entendu que tous les matériaux sont sur les lieux, & qu'on fournit aux ouvriers les bois nécésaires pour les échafaudages, & que les propriétaires donnent aussi ceux qu'il faut pour faire le cintre des voutes.

Il est encore d'usage que ces sortes d'ouvrages se mesurent pleins comme vuides; que les ouvertures des portes & des fenêtres ne sont point comptées; les maçons sont obligés de tailler les pierres de ces portes & fenêtres sans façon: mais les cheminées se payent séparément ainsi que les escaliers & les entablemens, si on en fait.

Comme il y aura beaucoup plus de murailles de 18 pouces d'épaiſſeur & de moins de 20 pieds de hauteur que d'autres, nous eſtimerons la totalité de ces murs à trois livres la toiſe quarrée pour la façon ſeulement. Nous évaluerons de même les voutes des caves, parce que communément deux ouvriers avec un manœuvre pour les ſervir, peuvent faire par chaque jour une toiſe & demie quarrée de muraille, lorsque les échafauds ſont une fois placés.

Sur ces pieds là & conformément aux dimenſions que nous avons données au corps de logis, nous trouvons qu'il y aura 488 toiſes de gros murs & 105 pour les voutes indépendamment des cloiſons de bois; à compter cet article ſur le pied de trois livres la toiſe, cela fera - - 1779 liv.

Il y aura enſuite les cloiſons & les planchers avec les pavés, que j'eſtime quatre fois autant ſoit pour le bois, les planches, les cloux & la façon des ouvriers; ce qui reviendra à   -   -   -   7116

Les enduits en dedans & en dehors, ſoit en platre, s'il y en a, ſoit à chaux & ſable, coûreront 400

La charpente & la couverture ne reviendra pas à plus de - - 1500

Les cheminées au nombre de dix-huit, & eſtimées à raiſon de cinquante livres chacune, feront 900

Les portes & fenêtres avec leurs ferrures eſtimées à raiſon de trente livres chaque, l'une portant l'autre, & au nombre de soixante, reviendont à - - - 1800 liv.

L'escalier étant de bois pour 4 étages y compris la cave & le grenier, coûtera - - - 300

Total des premieres dépenses pour la construction du corps de logis de cette maison - - 13783

❋❋❋❋❋❋❋❋❋❋❋❋❋❋❋❋❋❋❋❋❋❋❋❋

CHAPITRE VII.

Estimation des logemens pour les bestiaux & les domestiques du labourage, avec les murs de clôture.

Après avoir calculé toute l'étendue des gros murs des bâtimens de la basse cour & du logement des domestiques, il s'y est trouvé 833 toises quarrées à trois livres de façon pour chaque toise 2499 liv.

Les quatre petits escaliers coûteront soit pour la façon ou pour les matériaux, 150 livres chacun, ce qui fera pour les 4 - - 600

Les planchers des logemens des domestiques au dessus de celui des vaches, coûteront - - 1200

La charpente, les cloisons & la couverture de ces logemens, des étables & granges, pourront bien monter à une dépenſe de   -   4500 liv.

Le moulin à vent & le colombier avec les pompes & les machines, formeront une dépenſe de 5000

Les murs de clôture du jardin
qui monteront à 220 toiſes quarrées font à raiſon de 3 liv. la toiſe 660

Les portes & fenêtres de tous
ces logemens avec les cheminées
font un objet que l'on peut évaluer à la ſomme de   -   -   400
____

ſomme totale de cette partie 14859 liv.

Les bâtimens dépendans de la maiſon
d'aſſociation avec les murs de clôture
monteront donc ſuivant le calcul ci - deſſus
à près de 15000 livres.

Nous n'avons pas compris dans cette
dépenſe les fraix de conſtruction pour une
chapelle que nous placerons au bout du
corridor. Elle aura la même largeur que
le corridor, qui au retz de chauſſée tiendra lieu de vaiſſeau, & ſervira au premier
étage comme d'une tribune pour les femmes. La partie du bâtiment formera un
pavillon qui s'élevera auſſi haut que le
reſte du logement, & on placera au deſſus
de cette chapelle l'apotiquairerie, & la
lingerie. Le galetas en ſera le clocher.
J'eſtime que pour cette conſtruction il en
coûtera au moins 1000 livres: ce qui joint
aux deux ſommes précédentes formera u-
ne dépenſe totale de 29642 liv.

CHAPITRE VIII.

Comment il faut économiser le revenu modique des premieres années pour fournir peu à peu aux fraix de l'entreprise & augmenter en même temps ce revenu.

Nous n'avons en tout que 3550 livres dont on puisse disposer tous les ans, on ne peut pas avec cela entreprendre tout d'un coup une dépense de près de 30000 livres. C'est pourquoi il faudra user d'économie pendant les premieres années de cet établissement, & ne pas penser encore à loger des malades. Ainsi la premiere année on ne bâtira que le logement à droite & la grange, ce qui fera à peu près, le quart des logemens de basse cour. Pour les premiers tems de construction, on s'en tiendra à ce seul ouvrage. On empruntera d'avance 3000 livres sur les revenus de la maison, pour pouvoir acheter quatre paires de bœufs, les charrettes, charrues & autres ustenciles du labourage, avec les fourages & les pailles nécessaires pour les nourrir & faire litiere. Au moyen de cette avance, on défrichera environ 40 arpens de terres vacantes. On les préparera du mieux que l'on pourra pour les ensemencer; savoir dix arpens feront mis en prairies & trente semés de bled. Les fumiers des 4 paires de bœufs feront employés à former les prairies en améliorant la terre ſuivant la méthode que nous enſeignerons ci - après en parlant de l'agriculture. Mais comme il faudra ſurtout avoir du foin, la premiere choſe qu'il ſera à propos de fai-re, ſera de conſtruire un étang ou réſervoir pour y ramaſſer les eaux de pluye, pendant l'hyver, afin que ces eaux ſervent pendant l'été à arroſer les prairies qu'on aura pratiquées au deſſous de l'étang.

Comme je ne propoſe d'abord que dix arpens à défricher pour chaque paire de bœufs, il y aura ſuffiſament de tems pour pouvoir conſtruire la digue, & même creuſer le terrain de l'étang, s'il le faut, afin qu'il contienne une plus grande quantité d'eau : on comprend aiſément que cet étang doit être pratiqué dans un vallon, & avoir autant de grandeur & de profondeur qu'il ſera poſſible, pour pouvoir arroſer une plus grande quantité de terrain qu'on mettra en prairie ou luiſerne ſelon la nature du terrain. Pour cet effet on élevera la digue ou chauſſée le plus haut que faire ſe pourra. Si on prend bien ſes précautions à cet égard dès les commencemens, on tâchera de faire des prés & des luiſernes le plus qu'il ſera poſſible; c'eſt par là qu'il faudra débuter pour être en état de nourrir une grande quantité de vaches & de beſtiaux, & d'engraiſſer les terres avec leurs fumiers.

Tout ce que je viens de propoſer quoique d'une aſſez grande difficulté, n'a rien pourtant qui ſoit au - deſſus des forces de la maiſon d'aſſociation, pourvu qu'on cherche tous les moyens d'économiſer, c'eſt ce que j'eſpere démontrer de plus en plus à meſure que nous développerons les difſérens objets. On en aura déja vu quelques esquiſſes dans les diſſérens mémoires que j'ai déja donnés ſur différentes matieres, & qui ſont inſerés dans le journal économique, où je n'ai expoſé que des choſes que j'ai éprouvées moi-même dans une campagne.

Or je trouve que ſix domeſtiques dont quatre bonniers & deux valets de cour avec quatre groſſes paires de bœufs, & quelques perſonnes que l'on prendra à la journée dans les ſaiſons où les travaux de l'agriculture ſont moins preſſés, pourvu que le tout ſoit conduit par une perſonne entendue, & que l'on ſuive exactement mes principes d'agriculture, ſuffiront dès la premiere année pour défricher 40 arpens de terre & former un étang capable d'arroſer 50 ou 60 arpens de prairies. On choiſira ces terres à défricher au deſſous de l'étang s'il eſt poſſible, afin de pouvoir les arroſer & améliorer plus commodément. Cette premiere année ſe paſſera à faire les labours des 40 arpens à douze bons pouces de profondeur, & à enſemencer dix en prairies & trente en bled.

Si on ne fait d'abord que dix arpens de prairie; c'eſt pour ſuivre la proportion des fumiers que les 8 bœufs pourront avoir faits. Car il ne faut pas entreprendre

de

de faire des prés dans de mauvaifes terres fans auparavant y avoir répandu 15 ou 16 charretées de fumier par chaque arpent, pour engraiffer la terre, fans quoi la peine qu'on auroit prife à défricher feroit un travail perdu.

Nous n'entrerons pas quant à préfent dans un plus grand détail à ce fujet. Mais nous nous contenterons de faire obferver que la feconde année on défrichera encore quarante autres arpens: & comme on aura 3500 livres de revenu que les paroiffes payeront, on en emploiera 1500 livres pour acheter 15 vaches à lait, qui avec les 8 bœufs de travail feront une quantité de 23 ou 24 têtes de gros bétail. Le refte du revenu fervira à acheter les foins & les pailles, & pour nourrir les domeftiques.

Cependant il y aura à la fin de la feconde année, le revenu de dix arpens de prés & celui des trente en grains, qu'on pourra joindre au refte du revenu de la maifon. Comme ce produit fera médiocre d'abord, on ne pourra guere compter que fur 4 feptiers de bled par arpent la femence déduite; ce qui fera pour la premiere année 120 feptiers, qui à raifon de 15 liv. le feptier produiront 1800 liv. en argent. Le foin ou les pois gris qu'on aura femés dans les dix arpens à raifon de quarante quinteaux par arpent & de vingt fols le quintal, donnera encore 400 liv. de revenu, ces deux produits joints enfemble formeront 2200 liv. qui avec le revenu de la maison fera 5700 livres au moins à la fin de la seconde année.

Pour lors on commencera à faire bâtir une partie du corps de logis pour les malades, & on y emploiera 2000 livres, le reste servira à nourrir & à payer les domestiques, & à acheter des fourages & des pailles pour les bestiaux, afin de faire des fumiers.

A la fin de la troisieme année, il y aura les quarante arpens de terre défrichées la seconde année, qui auront produit à la fin de la troisieme 160 septiers de grain, c'est-à-dire 2400 liv. en argent, & on aura fait 20 arpens de prairies nouvelles des terres en friches, parce que les 15 vaches & les 8 beufs auront donné la seconde année une quantité de fumier suffisante pour les engraisser. Ainsi ces trente arpens de prés, donneront bien 1200 quinteaux de foin ou de fourage ; & comme les dix premiers arpens seront bons à faire paître les vaches & les bœufs la seconde année, parce qu'on en fera arroser le regain, on sera en état d'acheter encore 16 vaches à lait, & deux autres paires de bœufs : ce qui fera en tout quarante trois têtes de gros bétail. Le fourage qu'on aura recueilli cette troisieme année suffira pour en nourrir la moitié ; il n'en faudra acheter que pour l'autre moitié ; mais le profit du laitage & des veaux des quinze premieres vaches, fournira amplement à cette dépense. Ainsi la maison d'associa-

tion se trouvera au pair pour la nourriture
des beſtiaux. Dans la troiſieme année il
n'y aura plus rien à acheter. Car le laitage des trente deux vaches ſuffira pour
payer les domeſtiques de la maiſon, & pour
acheter toutes les pailles qu'il faudra. Il
n'y aura point de vache qui ne produiſe
au moins 50 livres ſoit pour le lait ou
pour le veau : cela fera 1500 livres
de revenu à la fin de la quatrieme année
pour ce ſeul article des vaches: c'eſt de
quoi défrayer des faux fraix de la culture.
Ainſi la maiſon aura d'une part 2400 liv.
provenant des grains vendus, & de l'autre 3500 liv. du revenu donné par les par-
roiſſes; c'eſt-à-dire au tout 5900 liv. qu'elle
pourra employer aux bâtimens du corps
de logis.

Comme le public commencera alors à
voir le ſuccès de cette économie, la maiſon pourra encore aiſément emprunter
10000 liv. dont elle payera les intérêts
ſur ſes revenus. Ces dix mille livres ſerviront à perfectionner les bâtimens & à
les meubler de lits & de linge, & en un
mot de tout ce qui ſera néceſſaire à la
maiſon.

Quand cet établiſſement ſera ainſi monté, vers la fin de la ſixieme année on
pourra y recevoir les malades & les perſonnes infirmes des 30 paroiſſes. Car alors
les revenus ſeront devenus très conſidérables au moyen des améliorations que les
bœufs & les vaches auront produites.

Il y aura alors plus de 180 arpens de terre défrichés dont 30 feront en prairies & 10 en luifernes, & 140 en terres labourables. Dans ce nombre on en aura amélioré 40 par le moyen des fumiers des beftiaux; & ces 40 feront d'un très grand rapport en y cultivant des haricots pendant l'année que les terres feront en jacheres. Ces haricots feront cultivés felon la méthode que j'enfeignerai & dont j'ai donné un eflai dans le journal économique. Quand on oppoferoit que chaque arpent n'en produiroit que 20 feptiers la premiere année, parce que la terre ne fera pas encore dans toute la force de fa production, comme elle le fera dans les années fuivantes, lorfqu'on y aura répandu 20 charretées de fumier de plus par arpent, & qu'on continuera à la labourer à 13 ou 14 pouces de profondeur, ce produit feroit déja confidérable & le deviendroit bien davantage: car d'après cet arrangement la maifon aura de revenu à la fin de la feptieme année les articles fuivans :

1. Quarante arpens en haricots, à 20 feptiers par arpent, donneront 800 feptiers, à 15 liv. le feptier, mefure de Paris, cela formera un article de 12000 liv.

2. Septante-huit arpens en bled à 4 feptiers feulement l'arpent, parce qu'ils n'auront pas encore été améliorés par les fumiers, donneront 28 feptiers de grains qui, à raifon de 15 liv. le feptier, produiront 4200 liv.

3. Les 32 vaches produiront à 50 liv. chacune, une fomme de 1600 liv.

4. Le revenu annuel de 3500 liv. fourni par les paroiffes.

Ces quatre fommes enfemble feront celle de 21800 liv. de revenu que cette maifon commencera d'avoir au bout de fept années d'établiffement.

Pour lors les paroiffes cefferont de payer les petites taxes, & il n'y aura plus que celle des domeftiques cultivant la terre qui fubfiftera toujours. Ce revenu fera employé à finir la conftruction de tous les bâtimens & aux clôtures des cours & jardins. Les paroiffes continueront néanmoins à faire la corvée pour le transport des matériaux; & la maifon y emploiera les ouvriers qu'elle commencera d'avoir à fa charge.

Il n'y a aucun doute à faire que, dès que l'on verra cet établiffement prendre une certaine forme & faire des progrès, les pauvres des paroiffes de l'affociation y viendront en foule chercher un azyle dans leur mifere. C'eft ce que nous allons faire connoître en entrant dans un détail particulier; de forte que tant les travaux des champs que ceux qui feront néceffaires pour achever les bâtimens, les clôtures, l'entretien & le fervice de toute la maifon, ne coûteront guere plus à l'affociation, que la fimple nourriture & l'entretien des ouvriers. Par ce moyen il ne fera pas bien difficile à ces maisons, d'améliorer les plus mauvaises terres qu'on leur aura données, & dont le fonds ne leur aura presque rien coûté. Car ayant un aussi grand nombre d'ouvriers de tout genre & de bestiaux, il n'y aura point d'ouvrages quelque difficiles qu'ils puissent être, que les sindics de la maison ne soient en état d'en faire l'entreprise, lorsqu'il s'agira d'en augmenter les revenus; soit en construisant des étangs ou réservoirs nouveaux pour arroser les terres; soit en faisant des transports de terre sur des endroits couverts de rochers ou de tuf, afin de les mettre en valeur; soit en élevant des murs de terrasse pour soutenir le terrein dans des côteaux ou sur le penchant des montagnes; soit enfin en desséchant des marais, ou pratiquant des canaux ou aqueducs pour conduire les eaux dans des terreins secs & arides.

A mesure que les sindics de la maison verront les produits de toutes ces sortes d'ouvrages se multiplier, ils étendront leurs entreprises, augmenteront le nombre des ouvriers, des bestiaux, des machines, & généralement exécuteront tous les travaux capables de contribuer à l'avantage commun de la maison.

Nous ne voyons par tout que trop de ces terres vagues & en friche. Il n'y a guere de territoire qui n'en ait beaucoup de semblables. On aura trouvé le vrai moyen de les mettre en valeur au profit de ces mêmes paroisses qui s'en partageront le profit au marc la livre de leurs impositions, lorsqu'il se trouvera des épargnes après tous les fraix & les dépenses faites pour les travaux, la nourriture & l'entretien des pauvres. Ce revenu qui reviendra aux paroisses associées servira à payer leurs charges communes, ce qui produira un bien infini pour le soulagement des peuples & pour faire fleurir l'Agriculture.

Toute la difficulté ne consiste que dans le commencement de l'établissement pour pouvoir faire les améliorations des premiers fonds de terre. Si les sindics sont des gens entendus, & qui ayent un peu de tête, & que les paroisses soient bien unies d'intérêt entre elles, cet inconvénient n'est pas insurmontable ni même difficile à vaincre.

Si la disposition du terrein ne se trouvoit pas favorable dans les terres vacantes, pour pouvoir y construire le premier réservoir d'eau ou étang d'une grandeur suffisante à pouvoir arroser 50 ou 60 arpens de terre d'une seule piece, on choisiroit un terrein propre à cet usage qu'on acheteroit à rente, même en payant, s'il le faut, à raison de $7\frac{1}{2}$ pour cent. On en agiroit de même à l'égard des terres propres à faire des prairies ou des champs contigus & à la portée de la maison.

Comme cette entreprise seroit visiblement à l'avantage du public de ces paroiſſes, je ne crois pas qu'il y eut aucun particulier aſſez ridicule & de mauvaiſe volonté pour s'y oppoſer: car d'abord il y trouveroit ſon intérêt perſonnel, puisque ſon revenu ſeroit augmenté par la rente que la maiſon lui feroit, & qui ſeroit garantie par l'aſſociation entiere; enſuite il auroit l'eſpérance d'avoir un jour ſa part, ainſi que les autres dans les épargnes ſur le revenu général de la maiſon. Mais quand bien même il n'y auroit pas un profit certain à en revenir par les ſuites, il ne faut qu'avoir ſimplement un peu d'humanité pour ſe prêter à un établiſſement qui a pour objet de ſoulager les pauvres, & de bannir des campagnes la miſere affreuſe qui y regne.

Si par hazard un particulier propriétaire de quelque terrein qui ſeroit à la bienſéance de la maiſon, ne vouloit pas ſe défaire de ſon terrein, la maiſon pourroit en acquérir d'autres ailleurs pour faire un échange avec lui. Par ce moyen tout le monde ſeroit content. Les particuliers trouveront ainſi leur avantage à ſe prêter à nos vues. Enfin les perſonnes ſenſibles aux maux de la patrie, auront la ſatisfaction de ſentir que tous nos efforts tendent à les ſoulager.

CHAPITRE IX.

Observations générales sur les revenus que ces maisons d'association pourront avoir dans le seul district de trente paroisses, suivant le nombre des pauvres, & celui des terres qu'elles posséderont.

Je me propose de donner incessamment la meilleure méthode d'améliorer un bien de campagne, & j'entrerai à cet égard dans un grand détail : je prouverai dans cet ouvrage que les plus mauvaises terres qu'il y ait dans le royaume, de quelque nature qu'elles puissent être, font susceptibles d'une amélioration qui leur fera raporter chaque année jusqu'à 150 liv. de revenu l'arpent, pourvu seulement qu'elles ne foient pas placées au fommet des montagnes qui font toujours couvertes de neiges jusqu'au printems, ni fur le penchant des montagnes qui est exposé au nord.

Ainsi il est inconteftab'e que, dès qu'on aura des ouvriers & des beftiaux en quantité, comme il y en aura fans doute dans le nouvel établiffement que je propose, il fera facile aux économes de faire produire à chaque arpent des terres qui feront attachées à ces maifons au moins 200 liv. de revenu par an, du moins au bout de quelques années après que les premieres améliorations auront été faites,

O 5

pourvu qu'on ne néglige aucuns foins, & qu'on faffe ufage des moyens que j'indiquerai pour cela.

J'eftime de plus que l'on pourra joindre à chacune de ces maifons au moins 8 ou 9 cens arpens de terre, qu'on tâchera dans les fuites de raprocher tous en une feule piece, par le moyen des échanges: car, quand on aura amélioré un terrein vacant, & qu'il fera devenu d'un bon rapport, on pourra le céder à raifon du prix de fon eftimation en échange pour d'autres terres qui feront à la proximité & à la bienféance de la maifon, quand même la nature en feroit moins fertile.

Pour faciliter ces échanges, on établira pour regle invariable que la maifon donnera alors cinq pour quatre, c'eft à dire, que fi les experts nommés eftiment le bien que la maifon d'affociation aura amélioré, cinq cens livres, & que celui qu'elle defire avoir en échange, ait été eftimé, 400 liv., l'échange fe fera but à but & fans folder rien d'une part ni de l'autre: ou bien s'il eft queftion d'achapt, les fyndics payeront 500 livres ce qui n'aura été eftimé valoir que 400 livres. Il réfultera d'un pareil arrangement que ceux qui céderont quelque bien pour la commodité de la maifon d'affociation amélioreront leur fortune d'un cinquieme en fus; & la maifon fe trouvera pareillement favorifée par la proximité & conféquemment la commodité du bien dont elle fera l'acquêt.

Par ce moyen chacun se trouvera dispo-
sé à contribuer au profit commun de cet
établissement utile.

D'après toutes ces considérations, & en
supposant que l'on donne 15 années de
suite à cette maison pour améliorer &
mettre en valeur les 8 ou 9 cens arpens
de terre, comme on l'a dit plus haut,
on en pourra mettre 100 en prairies, &
40 en luiserne, 10 en jardin, maison ou
cours, & 20 en étangs ou réservoirs. Il
en restera près de 700 qui seront cultivés
en terres labourables ou vignes. Car je
ne suppose point qu'il y ait des bois, si
ce n'est quelques arbres plantés fort au
loin, soit des arbres fruitiers, des muriers blancs, & tout au plus quelques or-
mes: ce qui ne donnera que bien peu de
bois de chauffage.

Si donc ces 700 arpens de terre étoient
tous employés en terres labourables pour
y semer du froment, des harricots, des
choux, des navets, avec une partie en
cheneviere, pour semer du chanvre ou
du lin, ces terres rapporteroient la moitié tous les ans en froment à raison de
10 septiers de grain par arpent, ce qui
donneroit 3500 septiers par an. Ce produit n'a rien de bien extraordinaire: nous
avons en France des terres qui sont d'un
rapport encore plus considérable, & à
qui on ne donne pas à beaucoup près autant de culture & d'amélioration que nous
suppposons qu'en auront les terres appar-

tenantes à la maison d'affociation. En partant donc de cette fuppofition, & eftimant le bled année commune à 15 livres le feptier, mefure de Paris, cet article produiroit 52500 livres chaque année.

Il y auroit de plus 350 arpens à mettre tous les ans en harricots ou en cheneviere; mais les harricots & les feves étant bien plus avantageux pour le commerce, nous nous y fixons; & fuivant notre méthode de les cultiver, on ne peut guere, vu leur grande abondance, en eftimer la récolte à moins de 30 feptiers l'arpent, même fans être arrofés. On auroit donc pour cet objet de 350 arpens, 10500 feptiers d'harricots ou de feves que l'on peut évaluer à prix commun fur le pied de 12 livres par feptier, ce qui fera pour le tout un objet de 126000 livres par an, qui joint au produit du bled fait pour ces deux articles 178500 livres.

Il y auroit encore le revenu des beftiaux nourris par 150 arpens en prairies & luifernes: & ce n'eft pas un petit objet; car il fuffiroit feul avec les autres nourritures de beftiaux, tels que moutons, cochons & volailles, à payer & défrayer de toutes les dépenfes de culture.

Dans une maifon où il y auroit tant d'avantages réunis, l'arrangement & l'économie ne pourroient que produire des effets furprenans. Nous parcourerons légérement tous ces détails dans l'article fuivant, afin de démontrer de plus en plus quels font les fruits de la bonne économie, & jufqu'où ils peuvent aller dans une maifon de campagne; mais auparavant voyons le produit des vaches.

Nous venons de dire plus haut que nous aurions 110 arpens en prairies & 40 en luiferne. Or tout le monde fait qu'un arpent de bon pré rapporte 60 quintaux de bon foin communément. Comme les fumiers & les eaux ne manqueront point aux nôtres, au moyen de nos étangs d'arrofement & du fumier de nos beftiaux, eftimons les fur ce pied. La recolte fera portée jufqu'à 6600 quintaux de foin.

On fçait encore qu'un arpent de bonne luiferne donne 120 quintaux par an en trois coupes, fi elle eft bien arrofée & fumée; ce fera donc 4800 quintaux pour les 40 arpens: & en tout pour le foin & la luiferne 11400 quintaux.

Une vache qui va 6 mois à la pâture pendant l'été dans les regains, ne mange pas au delà de 30 quintaux de foin ou luiferne par an, quand on y mêle de la paille, & qu'on hache le tout enfemble, comme je le ferai toucher au doigt, lorfque je traiterai l'article de la nourriture des beftiaux: en proportionnant donc le nombre du bétail à celui de la pâture, on pourra avoir fur ce pied là 380 têtes de gros bétail; mais nous n'en aurons cependant que 340 favoir 40 paires de bœufs pour labourer 700 arpens fuivant ma méthode, & 260 vaches à lait qui cependant feront dreffées la plus part à traîner la charette, & dont on pourra fe fervir au befoin. La pâture des 40 têtes que nous réfervons fera deftinée pour la nourriture de fix forts chevaux de trait & de 4 mulets pour porter la litiere ou un brancard, afin d'aller chercher les malades qui ne pourront pas venir ni fe faire apporter. Le refte fera donné à 300 bêtes à laine : ainfi tout fe trouvera diftribué

Les vaches à lait, confidérées pour leur revenu, donneront chacune une livre de beurre fin par jour, dès qu'elles feront choifies de la bonne efpece & que la nourriture ne leur manquera pas , & outre cela une livre de fromage. Le beurre & le fromage peuvent être eftimés enfemble dix fols par jour, ou 15 livres par mois, & pour 8 mois de l'année qu'elles peuvent donner de même 120 livres. Elle aura de plus un veau tous les ans que l'on évaluera à 20 livres. Cela fait en tout 140 liv. par an pour chaque vache, en fuppofant qu'il ne lui arrive point d'accident, & que le prix des denrées foit tel que je le dis. Mais pour avoir de quoi faire face à tous accidens, réduifons ce produit à 100 liv. par an pour chaque vache. Ce fera pour les 260 la fomme de 26000 liv.

Les moutons, les cochons & la volaille peuvent bien valoir 2000 livres de bénéfice par an.

Les bœufs que l'on vendra tous les ans

& qu'on engraiffera pour les renouveller feront 8 paires: à 400 liv. la paire, cela fera encore un objet de 3200 livres.

Ainfi l'article total des nourritures de beftiaux montera à plus de 31000 livres fans compter leurs fumiers & leurs travaux qui feront tout le bien poffible aux terres, pour les faire produire, en fuivant la méthode que nous donnerons pour les cultiver à profit.

Il faudra au moins, fuivant cette méthode, une perfonne par arpent, foit homme, femme, ou enfant: car tout le monde fera occupé, pour le peu qu'il ait de force ou de bonne volonté. Ce fera 700 perfonnes employées à la culture des bleds & des harricots, ou pour foigner les beftiaux, dans les faifons où on travaille fortement dans les champs; même dans les beaux jours de l'hiver on les emploiera à améliorer les terreins par le tranfport des terres &c. Chacune de ces perfonnes du fort au foible courera 100 livres par an de nourriture, entretien ou gages: car il y en aura qui en auront. Cette dépenfe pour les 700 perfonnes fera 70000 livres fur quoi les beftiaux en donnant 31000 liv. il reftera 39000 liv. à prendre fur le travail particulier de ces mêmes perfonnes qui s'occuperont pendant les mauvais tems de l'hiver & les faifons où les travaux font moins preffans. Sur ce pied là il y aura près de 6 mois de l'année où tous ces gens feront occupés à travailler dans la maison, savoir les femmes à filer du chanvre ou de la laine; les hommes forts à faire de la toile, des étoffes de laine, des bas & des bonnets au métier; les filles adroites à la dentelle, ou à élever des vers à soye dans la saison; les enfans à tricoter & à une infinité de petites choses utiles.

Il n'y aura aucuns de ces ouvriers qui ne gagnent les uns dans les autres, proportion gardée, au moins 8 sols par jour de travail, sans compter ceux qui seront employés continuellement au soin des bestiaux. Cet article reviendra à 9 liv. 10 sols par mois. En ne comptant que 350 personnes travaillant ainsi, & supposant les autres malades ou occupés autour des bestiaux, ce sera un profit de 3325 liv. par mois; & pour les 6 mois de travail dans la maison environ 20000 livres. Il ne restera donc plus que 19000 liv. ou environ à prendre sur les revenus du bien, pour payer la dépense de la nourriture, entretien & gages des gens & ouvriers de la maison, partant il restera environ 160000 liv. de revenu net, toutes dépenses déduites. Mais pour le peu qu'on ait de muriers, cela augmentera encore le revenu.

Sur cette somme de 160000 livres, il faudra déduire la dépense des véritables malades ou infirmes que je fais monter à 200 malades habituellement & pendant toute l'année. Or j'estime que chaque malade coûtera bien par jour 12 sols, y compris
les

les drogues, le blanchiflage & le payement des gens deftinés à en avoir foin.
Ce fera pour chaque jour 120 livres, &
pour l'année entiere 44000 liv. de dépenfe
totale à déduire, & par conféquent 116000
liv. de refte.

Or fuppofons que pour quantité de petites dépenfes qui nous ont échapé, &
pour l'entretien des bâtimens, du linge &
des outils il en coûte environ 16000 liv.:
on pourra du moins encore compter
100000 liv. de profit net qui fera reparti
au marc la livre fur les paroiffes affociées
pour être employé à les foulager, & à
payer l'impofition, ce qui leur fera un
bien infini.

On voit donc par les détails ci-deffus
que les foibles premiers fonds que ces paroiffes auront avancés pour former cet établiffement, deviendront pour elles en 15
années de tems d'un avantage immenfe:

1. Pour foulager les malades & les perfonnes infirmes de ces paroiffes qui ne feront pas à leurs charges.

2. En mettant en valeur les biens va-
cans, & en diftribuant le reftant du produit pour payer une bonne partie de l'impofition de ces paroiffes.

Enfin l'Etat y trouvera auffi un avantage confidérable, mais il faudra que le Roi
ne perçoive aucun impôt fur les biens de
cette maifon, afin que ne reconnoiffant
pour fupérieurs que les fyndics des parois-
fes & les économes, comme nous l'avons

Tome I.   P

dit ci-devant, le zele pour le bon ordre
ne puiſſe pas être détruit, comme il le
feroit à coup ſûr, ſi les gens d'affaire y a-
voient quelque pouvoir.

Il doit être indifférent au Roi que cette
maiſon ſoit gouvernée comme les paroiſſes
qui en feront les véritables propriétaires
le jugeront à propos, pourvu que les impoſitions auxquelles elles feront taxées,
foient payées exactement. L'Etat trouvera ſuffiſamment de profit dans cet établis-
ſement, en ce que ſes peuples feront à
l'abri de la miſere, & dans une ſituation
beaucoup plus favorable à la population,
qu'ils ne le font actuellement. Il n'eſt pas
douteux qu'un pareil eſſai d'agriculture,
d'amélioration & d'économie n'influe ſur
tous les particuliers qui voyant cet exemple ſous leurs yeux, s'efforceront de l'i-
miter. De plus, comme les peuples de la
campagne augmenteront en nombre à
proportion qu'ils feront moins accablés de
maux, on verra ainſi que l'agriculture re-
prendra vigueur, & prêtera aux arts & au
commerce une force qui les animera en
égale proportion.

CHAPITRE X.

Détails généraux sur l'entretien & la nourriture des pauvres qui seront reçus dans cette maison d'association.

Comme la maison recueillera dans son propre terrein presque tout ce qui sert aux alimens du peuple, on doit présumer qu'il en coûtera peu de dépense pour fournir à leur nourriture. Les grains, les légumes, les racines, les herbages & les fruits de toutes les especes y seront si abondans & si communs, qu'on ne doit pas les regarder comme d'un grand prix. Les troupeaux & les chenevieres que l'on aura, feront suffisantes pour fournir aux vêtemens & aux toiles nécessaires à leur entretien. D'ailleurs le travail qui se fera dans la maison sera plus que suffisant pour la fabrique des étoffes & des hardes nécessaires aux habitans de cette maison, & même pour suppléer à tous les besoins.

Les économes feront trier le grain médiocre, qu'on fera moudre dans le moulin que je suppose fait dans la maison pour cet usage, & pour battre le grain, hacher la paille, & élever les eaux pour arroser la terre. La fleur de farine de ces grains sera destinée à faire le pain pour les malades & les économes. La seconde farine qu'on appelle recoupe, passée une seconde fois au moulin, servira pour faire le

pain des gens de travail & des pauvres des
30 paroisses, qui se seront retirés dans
cette maison. Ce pain étant purgé du gros
son, & fait de pur froment bien moulu,
doit être sain & nourrissant. Si les économes font choix du grain médiocre qui
vaudra tout au plus une pistole le septier
mesure de Paris, ils pourront tirer sur
chaque septier de quoi faire 100 livres pesant de pain de place qui servira aux malades, ou pour être vendu, ou bien ils
vendront la fleur de farine en nature aux
boullangers des grandes villes. C'est ainsi
qu'en extrayant la plus pure farine du
grain qu'ils recueilleront, ils en pourront
faire un commerce considérable, & con-
sommer dans la maison la grosse farine &
le son, de maniere qu'ils pourront nourrir
une grande quantité de pauvres & élever
aussi un grand nombre de cochons. Car le
son de 3500 septiers de bled est un objet
qui devient très considérable.

Nous avons trouvé par le résultat de
nos expériences que 240 livres pesant de
grain, qui est le poids d'un bon septier de
bled donneront 70 livres de gros son, duquel on peut encore extraire 15 livres de
farine appellée gruau, en le faisant passer
une autre fois sous les meules & à la blu-
terie. Il restera donc 55 livres de gros son
dont on donnera à chaque cochon quatre
livres par jour, outre les herbes, navets,
racines, le petit lait des vaches & les la-
vures d'écuelles. Cela suffit pour nourrir

16 cochons un jour du feul fon provenant d'un feptier de bled. Sur ce pied 365 feptiers en nourriront 16 pendant une année entiere: & les 3500 fuffiront pour 150 ou environ.

Il n'y a gueres de cochons ou truyes qui ne produifent au maître 30 livres de profit par an, quand il eft nourri de cette maniere. Voilà donc un bon revenu que le gros fon, les herbes & les racines produiront à la maifon. Pour peu qu'on en ait foin.

A l'égard des 15 livres de farine de recoupe que nous avons dit qu'on pourroit extraire du fon de chaque feptier de bled, elles ferviront à faire du gros pain pour les pauvres. Les 3500 feptiers rendront donc 52500 livres de farine de recoupe; & comme nous avons éprouvé que 7 livres de farine rendoient 10 livres pefant de pain, cela fera environ 75000 livres de pain. En ne fuppofant qu'une livre & demie de pain par jour du fort au foible pour chaque pauvre, il en faudra, par an pour la nourriture de chacun 550 livres. Ainfi les 75000 livres ferviront à la nourriture de 136 perfonnes qui feront nourries des feules recoupes des grains recueillis fur les terres apartenantes à la maifon. Affurément les grains médiocres qu'on fera confommer, comme je l'ai déja dit, fuffiront avec les recoupes pour fournir du pain à plus de 700 perfonnes. J'eftime que ce pain ne reviendra pas à la fociété à plus de 8 deniers la livre ; & suivant ce plan, il n'en coûtera gueres qu'un sol par jour pour le pain des pauvres.

On aura quantité de légumes, de choux, d'herbes & de racines qu'on assaisonnera par le moyen des graisses & des beurres qui ne seront pas du meilleur débit. Ainsi on les nourrira à fort peu de fraix ; & je pense que cette partie-là, soit pour l'assaisonnement, le sel, & les légumes, montera à un sol par jour pour chacun.

Pour la viande, comme cette maison élevera quantité de bestiaux, & qu'on lui permettra de tenir boucherie ouverte toute l'année ; les économes acheteront des bêtes grasses & autres qu'ils tueront avec celles qu'ils éleveront pour cela. La meilleure viande sera vendue au public ; la basse viande, la vache & même la brebis en bon état, sera pour la consommation des personnes qui auront leur azyle dans la maison. La livre de cette derniere ne reviendra pas à plus de 18 deniers. En supposant qu'on en donne aux pauvres une demie livre les jours gras, cela sera équivalent aux graisses ou beurres & légumes des jours maigres.

Il n'y aura que trois jours de la semaine où on fera de la soupe grasse à la viande, & les quatre autres seront maigres : ou bien on fera pendant deux de ces quatre de la soupe avec des graisses. Comme il n'y aura que deux marmites, l'une pour les personnes qui font un travail pénible, à qui on fera faire un ordinaire plus fort & plus nourriffant, l'autre pour les enfans & les pareffeux, je compte que la nourriture ne reviendra pas à la maifon à plus de 2 fols 6 deniers par jour pour chaque perfonne.

Leur entretien, habillement & même le blanchiffage, ne montera pas à plus d'un fol par jour, puifqu'on fabriquera dans la maifon même les hardes & linges, & qu'on y recueillera du chanvre & de la laine fuffifamment pour cela. La dépenfe totale de chaque perfonne, tant pour la nourriture que pour l'entretien montera donc tout au plus à 3 fols 6 deniers par jour.

Les enfans orphelins & autres qui auront été élevés dans la maifon depuis leur bas âge jufqu'à 25 ans, & qui depuis 12 ans jufqu'à 25 auront travaillé au profit de la maifon, auront une dot pour récompenfe; favoir les garçons 300 livres & les filles 200 livres, fi les uns & les autres fe trouvent dans la premiere claffe des bons ouvriers. Ceux de la feconde claffe auront 20 livres de moins en dot; & ainfi des autres des claffes inférieures. Il y aura 6 claffes différentes afin de leur donner plus d'émulation. Quand ils auront acquis la dot par leur fervice, & qu'ils auront paffé dans la maifon le tems prefcrit par le réglement, ils pourront la quitter, s'ils veulent, & aller demeurer ailleurs. Ils feront mêmes libres de la quitter, quand bon leur semblera ; mais on ne leur donnera point de dot, qu'ils n'ayent fait leur tems.

Sur 700 personnes qu'il y aura dans cette maison pour travailler à l'amélioration des terres, ou pour servir les malades, il n'y en aura pas une centaine qui soient dans le cas d'avoir une dot. Comme il leur faudra 15 années de travail, c'est-à-dire depuis 10 ans jusqu'à 25 pour l'acquérir, cela ne fera guere plus de 7 personnes à doter par an dont moitié de garçons & moitié de filles. Or en les mettant sur le pied le plus fort, les garçons à 300 livres & les filles à 200 livres, comme nous l'avons dit ci-dessus, cela fera un objet de 1750 livres par an, que la maison pourra être dans le cas de donner en dot, pour tenir lieu d'une récompense de leurs services.

Cette dot fera un bien infini à ces jeunes gens : elle favorisera l'établissement de sept personnes tous les ans sur 30 villages, & peut-être même d'un plus grand nombre. Car je ne doute pas que dès l'instant que cet établissement sera fait, les pauvres paysans manœuvriers qui seront trop chargés de famille, ne mettront leurs enfans dans cette maison où on les prendra, savoir les filles à 8 ans & les garçons à 10, si leurs peres ne sont pas infirmes. Mais si les peres & les meres sont morts ou hors d'état de les pouvoir nourrir, on les prendra à tout âge. Alors ils seront tenus de demeurer dans la maison jusqu'à

25 ans accomplis, soit pour gagner la dot ou pour indemnifer la maifon des frais qu'ils lui auront occafionnés dans leur bas âge pour les élever.

Ceux qui ne feront reçus qu'à 8 ans pour les filles, & à 10 ans pour les garçons, feront libres de fortir de la maifon, les filles à 14 ans, & les garçons à 16, mais fans pouvoir prétendre de dot, & pourvu encore qu'ils ayent de proches parens qui veuillent s'en charger, toujours & du confentement de ces jeunes gens. Car fi cela n'étoit pas de leur goût, ils feroient libres de refter dans la maifon tout le tems qu'ils voudroient pour y gagner leur dot.

Pour ce qui regarde les perfonnes âgées foit femmes ou hommes qui voudront venir paffer dans cette maifon le refte de leurs jours, on les prendra à l'âge de 55 ans au plus. Ils fe détermineront à fe rendre dans cette maifon, avant que d'avoir atteint cet âge ; & ils y feront nourris & foignés, tant qu'ils vivront. S'ils font en état de travailler encore, on leur donnera de l'occupation. Ceux d'entre eux qui feront les plus raifonnables & les plus rangés, on leur donnera un certain nombre de jeunes gens de leur fexe à conduire, lefquels feront tenus de leur obéir comme à leur pere & mere. Les garçons feront fous l'obéiffance d'un fupérieur, & les filles feront foumifes à la direction des femmes qui veilleront fur leur conduite,

P 5

& qui en rendront compte au bureau. Les chefs ne coûteront pas plus que les autres personnes. Leur unique distinction sera d'être nourris au premier ordinaire, & d'être couchés & vêtus un peu mieux que les autres : ce qui joint avec le pouvoir de commander à ceux qui leur seront confiés, suffira pour leur tenir lieu de récompense.

On donnera au premier ordinaire une bouteille de boisson par jour, soit vin, piquette, cidre ou bierre: les autres ne boiront que de l'eau, du moins les jours ouvrables; car les jours de fêtes & les dimanches tous les ordinaires seront égaux.

En partant de tous les réglemens qu'on vient de détailler, il est aisé de voir que la dépense totale des nourritures, habillemens, entretien, dot & autres fraix, ne montera guere qu'à trois sols & demi ou quatre sols par jour qu'il en coûtera à la maison pour chaque personne, enfans, vieillards ou autres qui y viendront chercher un azyle. Supposé donc que les trente paroisses ensemble donnent 600 pauvres, cela ne fera tout au plus que 120 livres de dépense par jour, & par année 42800 livres. Mais comme toutes ces personnes seront occupées à travailler les terres pendant la saison, & outre cela qu'elles travailleront chacune à son métier, lorsqu'on ne pourra pas aller dans les champs, leurs ouvrages seuls faits à la maison pendant 6 mois de l'année auxquels on peut évaluer le tems qui n'eft pas propre à travailler dehors, peuvent être eftimés valoir 8 fols par jour, ainfi que nous l'avons dit plus haut, foit pour le filage, la fabrique des toiles, des étoffes de laine grofliere, & la manufacture des bas. Cet objet montera fur le pied de 25 jours de travail, à 10 livres par mois, ou pour les 6 mois à 60 liv. & pour les 600 perfonnes & les fix mois de travail à 36000 liv. de profit qu'ils feront à la maifon.

Donc le feul produit des pourceaux, des brebis & volaille, joint à leur travail dans la maifon, fuffira prefque pour remplir cet objet, de forte que la maifon d'affociation des 30 paroiffes fe trouvera avoir fait toutes les améliorations & autres travaux des terres unies à la maifon, fans qu'il en coûte pour ainfi dire rien du tout, & fans qu'on ait ufé contre tous ces gens d'aucuns moyens de rigueur & d'efclavage. Au contraire ils éprouveront dans la maifon toute forte de douceurs & de bons traitemens qui leur feront trouver leur fort fort heureux.

Nos lecteurs pourront fentir la vérité de tout ceci par la comparaifon de tous les negres que nous avons en Amérique. Outre qu'ils travaillent fortement à la culture des fucres, &c. & qu'ils fervent leurs maîtres, ils cultivent encore quelques coins de terre qu'on leur donne pour fournir à leurs befoins, de forte que leur nourriture ne coûte rien au maître, & que leurs travaux au contraire lui rapportent beaucoup. Il en fera à peu près de même ici, avec cette différence que toute idée défagréable d'efclavage eft bannie de notre établiffement, & que toutes ces perfonnes vivront en famille & feront traitées par leur chef, fans autre diftinction que celle de leur âge & de leur mérite.

Tous travaillant de même, & étant nourris de la même maniere, cette égalité parfaite jointe à l'émulation que chacun fe fentira pour le travail dans le deffein, foit de gagner une dot plus forte, foit d'acquérir un pofte un peu plus diftingué parmi fes femblables, maintiendra le bon ordre & l'amour pour le travail comme fi tout le profit devoit leur en revenir, fans qu'on foit obligé d'en venir avec eux à aucunes voies de rigueur ni de contrainte. Les vieillards qui fe feront confacrés à cette maifon pour le refte de leurs jours, & qui feront des gens accoutumés depuis leur plus tendre jeuneffe aux travaux, ne fe feront pas une peine de travailler pour s'amufer & fe desennuyer. Ils donneront par cette conduite une émulation perpétuelle à la jeuneffe qu'ils auront fous leur direction. Enfin ils s'efforceront, pour peu qu'ils ayent de cœur & de fentiment, de fe rendre néceffaires autant que leur âge & leur force le leur permettront, pour mériter l'eftime générale des fyndics & de tous les principaux des 30 paroiffes. D'ailleurs il fera bon d'établir tous les ans quelques petites récompenses pour ceux dont on aura été le plus content. Ces gratifications leur serviront pour fournir à leurs menus plaisirs. Tout cela les excitera de plus en plus à faire de leur mieux, & l'on verra en peu de tems la misere disparoître.

L'Etablissement tel qu'on vient de le voir dans un assez grand détail, est bien différent de celui des hôpitaux actuels. L'esprit d'intérêt des personnes qui gouverneront cette maison, sera bien autre que celui des régisseurs & économes des hôpitaux qui sont établis dans nos villes. Pas un des chefs & économes ne travaillera que pour le bien commun de la maison. Ce seront tous gens choisis par leur état, par leur âge & par leur bonne conduite, tels qu'il les faut pour n'envisager d'autre intérêt que l'avantage seul de la maison dont ils seront membres distingués.

Tous les laboureurs fermiers & les principaux des paysans des 30 paroisses auront voix délibérative dans les assemblées & un droit d'inspection pour faire rendre compte à chaque supérieurs tous les 6 mois. Par cette attention générale les moindres fraudes, s'il s'en commettoit quelqu'unes, ne tarderont pas à être découvertes & punies sévérement, soit par des peines réelles, ou par l'expulsion hors de la maison, sans espoir d'y pouvoir jamais rentrer. Ainsi chacun aura grand soin de tenir une conduite des plus régulieres; & la

maifon d'affociation fera comme une petite republique dont tous les membres feront gouvernés par l'efprit d'intérêt général de la fociété. Chacun d'eux trouvant
dans le bien public de la maifon fon a-
vantage particulier, tous ne manqueront
pas d'apporter leurs foins & leur attention à ce que toutes chofes fe faffent d'u-
ne maniere conforme au bon ordre.

Les payfans pauvres qui feront dans la
claffe à y avoir leurs enfans ou leurs parens, ou même à y pouvoir defirer un a-
zyle, auront voix comme les autres dans
les délibérations générales pour le maintien & l'obfervation exacte des réglemens
& des ftatuts de cette maifon, que chaque famille aura chez elle écrits ou im-
primés pour en être mieux inftruite. De
cette maniere on ne doit pas craindre
qu'il s'y commette aucun defordre, ni qu'il
s'y introduife aucun changement qui faffe
degénérer ces maifons, du moins tant
qu'il n'y aura pour adminiftrateurs & é-
conomes que les gens que j'ai indiqués;
& que d'ailleurs on aura une infpection
publique fur leur conduite, dont on pourra leur faire rendre compte de tems en
tems.

Sans doute il n'en feroit pas de même,
fi on donnoit la conduite & l'adminiftration arbitraire de ces établiffemens à des
gens d'un état plus diftingué qui font ordinairement plus ambitieux, & dont les
principales vues pourroient être dirigées

vers leur intérêt perſonnel. Ce ſeroit encore pis, ſi on donnoit une ſemblable régie à des fermiers ou partiſans qui pour vouloir leziner, & traiter durement les pauvres, les rebuteroient & les rendroient malheureux & eſclaves. Cela produiroit à coup ſûr les plus mauvais effets, & dans peu d'années ces maiſons au lieu de devenir floriſſantes ne ſeroient peut-être pas d'aſſez grand rapport pour fournir aux dépenſes eſſentielles & indiſpenſables.

Prenons pour exemple tous les hôpitaux généraux du royaume: il ne nous en faut pas d'autres pour faire ſentir de quelle importance il ſeroit pour l'Etat & le Gouvernement de ne toucher à aucun des réglemens de la maiſon que nous propoſons, & de laiſſer aux peuples le pouvoir d'en exiger l'obſervation ſcrupuleuſe. L'œil du magiſtrat ne devroit être occupé au contraire qu'à voir ſi on les obſerve à la rigueur, & à empêcher qu'on ne s'en écarte en aucun point. Pour cet effet les magiſtrats des villes les plus voiſines auroient la police; & les curés, qui en ſeroient adminiſtrateurs nés du moins pour ce qui regarde le ſpirituel, feroient ſeulement leurs repréſentations au bureau en cas que quelque choſe ſe dérangeât. Avec de pareils inſpecteurs on a lieu de croire qu'il ne ſe gliſſeroit jamais dans la maiſon le moindre relâchement, & que toutes choſes ſe paſſeroient toujours dans l'ordre.

CHAPITRE XI.

Détails généraux concernant les malades.

Nous avons supposé dans le plan que nous avons présenté à nos lecteurs, qu'il y auroit dix salles ou chambres pour les malades, que les femmes occuperoient celles du premier étage, & les hommes celles du retz de chauffée. Dans chaque salle il y auroit 5 lits par conséquent on auroit en tout 50 lits de malade, & de quoi recevoir en cas de besoin jusqu'à cent malades sans beaucoup de peine, en les mettant pour lors deux dans chaque lit : cela feroit, comme on voit, suffisant pour le soulagement des malades des 30 paroisses. Comme cette maison ne seroit pas regardée proprement comme un hôpital & un azyle de pure charité, aucune personne dans l'indigence ne se feroit une peine d'y aller chercher la guérison & le soulagement dans ses maladies. On verroit même des gens prendre ce parti sans être absolument dans la misere.

Mais si on vouloit encore, on pourroit y faire venir même les gens aisés, & cela produiroit un assez grand bien à l'état & même à la maison. Dans la plupart des villages on n'a ni chirurgien habile ni médecin, on ne peut pas avoir non plus les drogues & les secours nécessaires assez à tems pour soulager les malades. Les personfonnes même aifées qui demeurent à la campagne ne peuvent donc pas fe flatter malgré leurs biens & leurs richeffes d'avoir à point nommé du foulagement dans les maladies qui furviennent brufquement, & dont les différentes circonftances exigent quelquefois fur le champ des remedes qu'on n'eft pas à portée de leur donner, & qui arrêteroient le cours du mal. Quelquefois la mort s'enfuit faute des fecours néceffaires. Pour obvier à cet inconvénient qui eft très fréquent, il faudroit établir dans la maifon d'affociation une efpece de penfion, où les perfonnes aifées & même riches qui feroient en état de payer, fe feroient tranfporter dans le cas de maladie, & donneroient dix, quinze ou vingt fols par jour pour la nourriture, les remedes & panfemens. Pour cet effet on pourroit conftruire un petit corps de logis féparé où les malades auroient chacun leur chambre particuliere & feroient traités avec tout le foin poffible jufqu'à leur entier rétabliffement.

Comme il y a des perfonnes qui, quoiqu'aifées dans leur fituation, ne le font pourtant pas affez pour tenir ménage dans les villes, ou ne fe foucient pas de tout l'embarras d'une maifon, & voudroient demeurer tranquillement à la campagne fans fe mêler de rien, on pourroit pareillement établir dans notre maifon d'affociation une penfion, & conftruire exprès un autre corps de logis pour loger commodément les penfionnaires. La fociété qui s'y trouveroit, la liberté de la promenade dans une campagne riante & auffi bien cultivée que le feroit celle-ci, la confidération de tous les fecours & les agrémens de la vie champêtre, joints à une nourriture raifonnablement bonne, leur feroient préférer ce féjour à l'habitation des villes & même à celle des communautés religieufes, deforte qu'on verroit bientôt ces maifons occupées par toutes fortes de gens comme il faut. On y payeroit une penfion modique à proportion que l'on voudroit y être logé, nourri, meublé & fervi plus ou moins bien. Les moindres penfions feroient de 120 liv. & les plus fortes de 300 liv. par an.

Le plus grand profit que la maifon pourroit faire fur ces penfions feroit l'avantage de confommer fes denrées fur les lieux, & de gagner par ce moyen environ dix pour cent de plus fur ces mêmes denrées, de même que fur le logement & les ameublemens rélativement aux premiers capitaux. Ainfi les penfionnaires, les malades, & généralement les pauvres que je nomme privilégiés, feroient parfaitement à leur aife.

Tous les états ordinaires du peuple qui habitent dans les campagnes, quels qu'ils foient, & encore plus particuliérement les malades que les autres, jouiroient du bénéfice de ces maifons, par les foins, médicamens, les bouillons, les nourritures,

ſaines, & le bon air qu'ils y rencon-
treroient.

Les pauvres privilégiés y ſeroient vêtus
de linge, robe de chambre, bas, pan-
toufles & bonnets appartenans à la maiſon, pendant tous le tems de leur maladie
& durant leur convaleſcence. Les hardes
qu'ils auroient apportées ſeroient miſes en
pacquet, numerotées de leur nom & ſer-
rées dans un magazin, afin de pouvoir les
retrouver facilement & les leur rendre a-
près leur rétabliſſement. Leur nourriture
ſeroit de la meilleure viande & du meilleur pain qui ſe trouveroit dans la maiſon;
& le tout ſeroit adminiſtré ſuivant l'or-
donnance du médecin. Car il y en auroit
un & un chirurgien qui ſeroient logés
dans la maiſon & auroient des apointe-
mens fixes. Comme la dixme ſeroit conſidérable, le curé de la paroiſſe dont le revenu ſeroit augmenté de près du double,
pourroit y entretenir un vicaire déſervant
qui ſeroit pareillement logé, nourri &
même appointé en partie par la maiſon
d'aſſociation, lorſqu'une fois ſes premiers
travaux auroient achevé de défricher les
terres vagues, & qu'elle verroit ſes bâtimens bien conſtruits & ſon revenu bien
fondé.

CHAPITRE XII.

Revue particuliere des avantages qui réfulteroient de ces nouveaux Etablissemens.

Nous avons fait remarquer précédemment à nos lecteurs qu'il n'y auroit tout au plus que 8 à 900 arpens aliénés à cette maison pour fervir de fondement. Mais comme tout établiffement de cette nature, qui doit contribuer au bonheur des peuples, fe trouveroit dans la fuite trop borné pour faire tout le bien poffible dans l'étendue de 30 paroiffes, il feroit permis aux adminiftrateurs & fyndics de cette maison d'acquérir à mefure qu'ils en trouveroient occafion, tous les terreins vagues, & les fonds d'une quantité médiocre foit à rente ou avec de l'argent comptant, mais fans fortir des bornes des 30 paroiffes qui forment le diftrict de l'affociation, afin que des épargnes fur le revenu annuel & par le travail des pauvres on pût améliorer ces terres peu à peu, de quelque nature qu'elles puffent être, & quelques dépenfes qu'il fallût faire pour y parvenir, & que par ce moyen on augmentât les richeffes de l'Etat par la bonification & le produit de ces terreins qui maintenant font abfolument inutiles.

On payeroit au propriétaire, comme je l'ai déja obfervé, un quart en fus de la valeur à laquelle ces terres auroient été eftimées à dire d'experts; & lorfqu'on leur auroit donné toute l'amélioration dont elles feroient fufceptibles, les adminiftrateurs les feroient vendre au plus offrant & dernier enchériffeur en la maniere ordinaire: & le produit de la vente de ces terres feroit partagé entre les 30 paroiffes affociées au prorata de leur groffeur; & enfuite la portion de chaque paroiffe feroit employée à diminuer d'autant l'impofition de l'année. Cette façon de repartir les produits & les excédens du revenu de la maifon rendroit la taille & autres impofitions faites fur chaque paroiffe, moins onéreufes. On ne verroit donc plus comme aujourd'hui les particuliers employer tous les moyens & les protections poffibles pour faire diminuer leur portion de taille, parce qu'alors ce revenu fe repartiffant fur les perfonnes taillables, au marc la livre de leurs impofitions, plus ils auroient de taille à payer, plus leur portion de ce revenu feroit confidérable. Ainfi il en réfulteroit de toute maniere un avantage très grand pour la fociété.

L'argent que les revenus de l'affociation répandroient dans les trente paroiffes, ferviroit aux habitans à les foulager dans leurs travaux pour l'amélioration & la culture de leurs terres particulieres, de forte qu'il n'y auroit aucun laboureur qui ne fe portât de bonne volonté à travailler au défrichement & à la culture de fes terres suivant notre méthode, plutôt que de le voir acquérir pour le profit de la société. On voit maintenant que ce moyen qui paroît partir d'abord d'un principe bien foible, devient par la suite d'une force & d'une reſſource très grande pour faire mettre en très peu de tems toutes les terres du royaume en valeur.

A meſure que ces nouveaux Etabliſſe-mens ſe multiplieront, & que leurs pro-grès s'étendront, les peuples augmente-ront en nombre. Le payſan ne craignant plus une miſere accablante pour lui & pour ſes enfans, s'animera davantage au travail. Il ne redoutera plus d'avoir une trop grande quantité d'enfans, dont l'idée ſeule ſuffit maintenant pour le décourager. En effet n'ayant plus devant les yeux un avenir des plus fâcheux, & ſachant que dès qu'il s'en trouvera ſurchargé, il trou-vera certainement des ſecours dans la maiſon d'aſſociation qui ſe chargera de les nourrir & élever mieux qu'ils ne pour-roient l'être chez lui, on ne le verra plus fuir le mariage, comme il fait actuelle-ment. Dans peu d'années le peuple du royaume ſe multipliera à vue d'œil.

On ne verra plus tant de gens dans le cas d'aller de porte en porte mandier leur pain. Auſſi ſera-t-il expreſſément défen-du alors de demander l'aumône, & même aux particuliers de la donner. Cette action n'étant plus regardée comme une reſſour-ce néceſſaire contre la miſere, mais com-

me une occafion de pareffe & de libertinage, il fera donné ordre à toutes les
maréchauffées du royaume d'arrêter tous
les mandians qu'on rencontrera & de les
amener dans ces maifons, où on les tiendra renfermés, & où ils feront employés
aux travaux domeftiques les plus pénibles
de la maifon, fans qu'ils puiffent aller travailler dans la campagne comme les autres qu'après 6 mois de prifon au pain & à
l'eau, & à la foupe feulement. Une loi
auffi févere, obfervée à la rigueur, dé-
truiroit abfolument la mendicité dans toute l'étendue du royaume en fort peu de
tems: & comme il ne fera plus néceffaire
de la prêcher dans les chaires pour exciter la compaffion des fideles, on s'accou-
tumera à regarder avec le dernier mépris
tous ceux qui s'y expoferont volontairement, & on ne leur donnera d'autre fecours que celui que nous venons de propofer.

Après cela doit-on craindre qu'un peuple tel que le françois qui eft naturellement laborieux, vain & ambitieux, ai-
mant fes aifes, & trouvant dans toute forte d'états des reffources contre l'adverfité
& la mifere, fît difficulté d'embraffer ces
moyens avec ardeur, & aimât mieux s'expofer à toutes les fuites fâcheufes de l'oifiveté & de la pareffe qui le mettroit
dans le cas de mourir de faim? Non fans
doute. D'ailleurs la police tenant la main
à ces réglemens & les faifant exécuter à
Q 4

la rigueur, on ne verroit plus de gens inutiles & à charge à la société.

L'agriculture, les arts méchaniques &
le commerce (car tous nos projets tendent
à les faire fleurir) auroient un tout autre
brillant qu'ils n'ont dans l'état actuel des
choses. Les campagnes maintenant déser-
tes & abandonnées en beaucoup d'endroits se repeupleroient parce que les peuples y jouiroient d'un sort heureux. Et
que pourroit-on désirer de plus favorable pour ces personnes dans les campagnes, que de trouver sans sortir de leur
pays un nécessaire honnête, conforme à
leur état, & une subsistance beaucoup
meilleure qu'ils ne l'ont eue pendant tout
le cours de leur vie.

L'homme né pour la liberté & trouvant
dans la vie champêtre, qui est pour ainsi
dire son élément naturel, de quoi fournir
aux plus essentiels de ses besoins, dédai-
gneroit le faste & tous les attraits qu'offre
maintenant le séjour de nos villes les
plus brillantes, qui n'auroient plus alors
rien de séduisant pour lui, surtout si avec
les peines & les soucis qui en sont insépa-
rables, on joignoit encore l'inquiétude
causée par le sort de la milice, qu'il faudroit ôter de la campagne comme nous
l'avons déja dit au commencement de cet
ouvrage. Voilà donc un moyen sûr & très
efficace pour faire en peu de tems repeu-
pler les campagnes, & mettre toutes les
terres en valeur.

Mais on objectera peut-être que, quoique ce moyen paroisse en effet très simple, & extrêmement avantageux, cependant si on vouloit le mettre en pratique, on rencontreroit, surtout dans les commencemens, des obstacles qui en pourroient retarder considérablement les progrès. Les peuples sont si misérables qu'il ne leur est guere possible de faire la moindre entreprise, & qu'il leur faudroit quelque véhicule pour les encourager.

A cela je réponds premiérement que si on considere bien la maniere dont nous avons présenté cet objet, il ne faut que très peu d'avances pour le mettre en train, & que ces avances ne coûtent presque rien aux particuliers. En second lieu si on veut absolument un véhicule, on ne peut pas en trouver un meilleur que celui que nous avons proposé dans notre projet d'une compagnie d'agriculture. Les billets de confiance & la grande facilité qu'on auroit par le moyen de cette compagnie d'emprunter les sommes d'argent dont on auroit besoin, applaniroient toutes les difficultés. Cependant en supposant que l'Etat consentît à l'établissement des maisons d'association, sans adopter celui de la compagnie d'agriculture, je ne crois pas qu'il fût bien difficile de trouver, s'il le falloit, 20 ou 30 mille livres à emprunter au denier 20, lorsque plusieurs parois-ses associées de l'aveu du Gouvernement emprunteroient elles-mêmes, & se rendroient garantes du payement de la rente & du fonds avec la solidité entre elles; & ce afin de pouvoir joindre cet argent d'emprunt à leurs avances annuelles pour pouvoir commencer l'établissement de ces maisons.

On commenceroit à exécuter ce projet dans les pays les plus opulens & les plus en état de faire d'abord une pareille entreprise. Sitôt qu'il y auroit quelqu'unes de ces maisons d'établies elles serviroient d'exemple pour les autres. Enfin il seroit à propos aussi que les premiers de ces Etablissemens, quand ils seroient en état, prêtassent de l'argent aux paroisses plus pauvres, afin de les aider à faire les mêmes établissemens, & qu'ainsi de proche en proche à commencer par les pays les plus riches & les plus fertiles, on parvint insensiblement à ceux qui sont dévastés & dans le plus mauvais état.

Si le Gouvernement pouvoit entrer dans nos vues & prendre à cœur ce projet, il n'y auroit qu'à faire d'abord deux ou trois de ces entreprises dans chaque généralité pour donner envie aux pays & aux paroisses voisines de mettre tout en usage pour en faire autant. Quand on a une fois formé le dessein de quelque entreprise, on manque rarement de trouver des moyens sûrs pour la faire réussir, pourvu qu'on en sente l'exécution possible, sur-tout quand il s'agit de choses aussi utiles pour tout le monde, & particulièrement pour l'intérêt de l'Etat qui verroit par là accroître ses richesses & sa puissance en très peu d'années.

On nous répete depuis longtems (& c'est de ce principe dont on est parti pour projetter) que la véritable richesse & la puissance d'un Etat a son principe dans ses terres, & dans les bras de ses habitans ; que nous avons quantité de terres stériles & vacantes & un grand nombre de bras oisifs & de gens malheureux ; qu'il est de la derniere importance de chercher les moyens de les employer utilement. Voilà précisément à quoi tend notre projet ; c'est la vraie maniere de rendre la France heureuse & d'augmenter sa puissance. Voilà des objets qui sont vraiment à la portée & en même tems bien dignes d'un Gouvernement sage & éclairé sur ses véritables intérêts. Voilà les projets qu'on doit saisir, des projets simples & fondés sur la nature même des choses.

Les projets de finance, n'ont à mon avis rien que de frivole en comparaison ; leur utilité n'est que momentanée : Faut-il trouver sur le champ des ressources dans les momens de crise d'un Etat ; un projet de finance est bon alors, mais seulement pour l'instant présent. C'est un verre de liqueur pour un homme accablé par la soif : il l'appaise sur le champ ; mais la soif revient bientôt, & cette liqueur forte dont il fait un usage fréquemment réitéré, mine peu à peu son tempéramment. Tels font les projets de finance; ils font fur le corps politique de l'Etat le même effet que cette liqueur fur l'homme altéré.

On ne fonge aux befoins que quand ils font devenus preffans. Il faut les prévoir d'avance & prendre les moyens propres à nous mettre en état d'y faire face, quand ils font arrivés. C'eft dans le travail des terres & des matériaux en tous genres, c'eft-à-dire dans l'agriculture & les arts que confifte le vrai bien d'un Etat. Une nation voifine qui fe conduit fuivant ces principes nous prouve bien de quelle importance il eft pour un Etat de ne point laiffer fes peuples defœuvrés, ni fes terres incultes. Chaque particulier y eft occupé, les plus riches ne ceffent de travailler & de conduire par leur exemple & leurs avis une infinité d'autres hommes qui travaillent fous eux. Jamais ils ne fe laffent d'augmenter leurs biens à force de travail; & comme ils fçavent la peine qu'il en coûte pour l'amaffer, ils font très modérés dans l'ufage qu'ils en font. Il n'y a guere que dans le cas de fucceffion que l'on voit les biens fe morceler. Il n'en eft pas de même chez nous. La plus grande partie ne fe contente pas de diffiper leur fortune; ils y enveloppent encore celle des particuliers qui ont eu affez de facilité pour leur prêter; & leur ruine eft fouvent la caufe d'une infinité d'autres qu'elle entraîne après elle.

Comment apporter remede à de fi

grands maux, qui font comme inféparables de la forme de gouvernement monarchique, par la mauvaife tournure d'efprit que prend la nation à l'exemple des princes & des grands de l'Etat qui font obligés d'être généreux & magnifiques dans toutes leurs actions & de briller par leur dépenfe pour s'attirer l'attention & le refpect du peuple. Cette paffion eft fi belle & fi noble par elle-même que le moindre particulier enrichi affecte de fuivre leurs traces fans néceffité. Par ce moyen il diffipe les biens que fes peres avoient acquis avec peine, fouvent même par des manœuvres & des fraudes qui ont accru le nombre des miférables. Leurs héritiers, vrais finges des grands feigneurs, les diftribuent à pleines mains à des gens vils & méprifables qui flattent leurs vices, les amufent, & les dépouillent peu à peu, & qui à leur tour les diffipent auffi facilement dans la débauche & l'oifiveté. Voilà l'ufage ordinaire & les mœurs de notre nation: mais laiffons cette partie des citoyens qui répand la corruption & le mauvais exemple de toutes parts, & tâchons d'empêcher qu'elle ne gagne encore le refte des fujets de l'Etat. C'eft ce qu'on empêcheroit indubitablement, fi on faifoit ufage de tous les moyens que j'ai indiqués ci-devant.

CHAPITRE XIII.

*Quel seroit à peu près le produit de ces nou-
veaux Etablissemens dans tout le royaume.
Réponse à quelques objections qu'on pourroit faire à ce sujet.*

Nous ne sommes pas en état quant à
présent de fixer au juste le nombre de toutes les paroisses de campagne qu'il y a
dans le royaume, & qui peuvent former
les établissemens que nous avons proposés,
ni de déterminer l'étendue & la force plus
ou moins grande de ces paroisses. Cependant si la chose étoit nécessaire, on pourroit aisément le sçavoir. Chaque inten-
dant à un état exact de son département.
On pourroit encore trouver cet Etat au
Dépot des Bureaux de la Guerre ou des
Finances. Mais comme la justesse de ces
évaluations n'entre que pour très peu
dans notre projet, nous pouvons nous
contenter d'une simple approximation, &
évaluer les choses à peu près.

Vu le nombre des diocèses, & le nombre moyen des paroisses que contiennent
ces diocèses, on peut estimer les paroisses
des campagnes à 60000, non comprises
celles des villes & gros Bourgs. Ainsi on
peut compter que tout le royaume auroit
besoin d'environ deux mille maisons
d'association pour le moins. Car il ne
manque nulle part de terres vacantes en

friche ou mal cultivées qui fuffiroient &
au-delà pour donner à chacune de ces
maifons 900 arpens. En fuppofant pour un
moment que ce nombre foit exact, cela
feroit pour l'Etat un revenu immenfe, &
un azyle très fecourable pour les pauvres
gens qui fe font confacrés à l'agriculture.
Car, comme nous l'avons dit ci-devant, les
pauvres des autres claffes auroient auffi
leurs maifons communes, & par conféquent ne participeroient point à celles-ci.

Si chaque maifon du fort au foible rapportoit 100000 livres de rente net & clair
à la communauté des trente paroiffes de
fon diftrict, après toutes dépenfes déduites, & l'entretien des pauvres & des malades, cela feroit deux cens millions de
revenu annuel fixe, fans compter ce qui
proviendroit de tems à autre de la vente
qu'on feroit de quelques fonds de terre
que la maifon auroit améliorés à fon avantage. Mais ce qui feroit encore plus précieux & plus eftimable, c'eft que fuivant
notre projet, il y auroit près de deux millions de pauvres, de malades & d'infirmes
qui fe trouveroient à l'abri de la mifere
dont ils font accablés maintenant. Cependant le foulagement qu'ils recevroient
dans ces maifons, ne feroit point au defa-
vantage de l'agriculture, comme le font
les établiffemens actuels de nos hôpitaux
qui ne font rien pour la culture & l'amélioration des terres, au lieu que les maifons que je propofe font toutes à l'avanta-

ge des campagnes; puisque les pauvres seront occupés à travailler la terre, ce qui
donnera de quoi les nourrir & fournir de
plus des sommes considérables tous les ans
aux habitans du district.

Quelle différence n'apperçoit-on pas
en comparant ces nouveaux Etablissemens
avec ceux que la charité de nos peres ont
fondés? Les uns contribueront à la population & à mettre nos terres en valeur,
tandis qu'au contraire les autres la détrui-
sent par le mauvais ordre qui y regne, &
rendent inutiles des sujets destinés pour la
plupart à la culture des terres, lesquels ne
s'y adonnent plus & désertent pour toujours des campagnes.

Mais, dira-t-on, le revenu immense
que ces maisons produit & qui sera reparti
sur les paroisses associées proportionnellement à la taxe imposée sur chaque colon,
ne leur profitera pas beaucoup; ce sera u-
ne occasion pour faire augmenter la taille
sur ces paroisses, de sorte que tout tour-
nera au profit du Roi & des partisans. Ainsi puisque ces prétendus avantages doivent
se réduire à rien, il vaut autant laisser les
choses dans l'état où elles sont, sans aller causer des changemens qui ne feront
que bouleverser tout sans aucun profit.

Nous avons plusieurs réponses à donner
à cette objection. Je conviens que la chose seroit possible, si l'on pouvoit regarder
le Roi comme les locataires ou les gens
qui ne possedent un bien qu'à titre d'usu-
fruit.

fruit. Ils tâchent alors d'en tirer tout ce qu'ils peuvent fans s'embaraffer s'ils ruinent abfolument le bien ou non. Mais dans le cas préfent une pareille fuppofition feroit abfurde & même injurieufe à la Majefté Royale par plufieurs raifons.

1. La France eft un royaume héréditaire que le Roi après fa mort transmet aux enfans qu'il laiffe après lui. Or on ne peut pas fuppofer qu'un pere voulût ruiner fon bien au préjudice de fes enfans, fans aucune autre raifon, que le plaifir infenfé de faire le mal. Au contraire l'amour paternel, fa propre réputation, fa gloire, tout doit l'engager à laiffer cet héritage à fon fils dans l'état le plus riche & le plus floriffant. Un Roi n'eft pas fait pour dégrader, mais plutôt pour conferver, protéger & même améliorer. Ainfi le Roi & fon Confeil voyant qu'il eft de leur intérêt de laiffer jouir les peuples de tous les avantages de ces nouveaux établiffemens, ne toucheroient point à ces revenus, & même ne chargeroient point les peuples de nouveaux impôts.

2. Le Roi n'eft pas feulement le fouverain de fon peuple, il en eft encore le pere. Cette qualité précieufe pour un Roi fuffiroit pour l'empêcher de déférer à d'auffi mauvais confeils, fuppofé qu'il y eût dans le miniftere des gens affez ennemis de la profpérité publique pour donner de pareils avis. En effet qu'y gagneroit on? Ces revenus ne font fondés que fur

une grande économie, tout confidérables qu'ils font. Cette économie ne fubfifteroit plus fi un Roi étoit affez injufte pour vouloir fe les approprier. Au contraire en les laiffant à la difpofition des paroiffes, ces maifons profpéreroient de plus en plus; & l'Etat, fans qu'on augmentât les impôts, mais en les confervant feulement fur le pied où ils font, verroit augmenter fes revenus de jour en jour.

Car premiérement la population devenant bien plus confidérable, la capitation augmenteroit en proportion du nombre des fujets. Secondement les revenus groffiffant de plus en plus par l'émulation qui engageroit tous les particuliers à améliorer leur bien, le vingtieme & dixieme quand on jugeroit à propos de l'impofer dans les néceffités de l'Etat, produiroit des fommes beaucoup plus fortes qu'à préfent. En troifieme lieu comme tous les fujets fe trouveroient dans une fituation plus heureufe, chacun à proportion feroit une confommation plus forte de toutes les denrées & marchandifes qui payent des droits au Roi, & par conféquent les revenus de l'état augmenteroient. Enfin les peuples voyant qu'on ne les inquiéteroit point dans les campagnes, & y trouvant une infinité de reffources, chaque particulier, propriétaire ou fermer à l'envi les uns des autres s'adonneroient de plus en plus à l'agriculture, & étudieroient les moyens de la perfectionner. Elle feroit

par ce moyen des progrès confidérables.
Les facultés des particuliers s'accroî-
troient continuellement, & l'on verroit
le commerce acquérir un état floriſſant
qui par conſéquent enrichiroit l'Etat.

3. L'Etat a des charges ordnaires. Il
faut les aquitter; il faut de plus faire des
dépenſes continuelles pour le défendre
contre ſes ennemis & contre les entrepriſes de ſes voiſins. Il eſt donc de néceſſité
qu'il y ait des impôts ſur le peuple. Mais
quelle eſt la regle que l'on obſerve dans
ce cas? On proportionne les impôts aux
beſoins de l'Etat, mais on n'a jamais eu
pour maxime de charger le peuple, autant
qu'il peut l'être. Ce n'eſt jamais qu'à re-
grèt, & quand la néceſſité des circonſtances l'exige abſolument, qu'on ordonne
la levée de nouvelles taxes, ou une augmentation des anciennes. Si le peuple eſt
heureux, tant mieux! Ce bonheur influe
ſur celui du pere de la patrie: il ne peut
enviſager l'aiſance & la richeſſe & ſon
peuple, qu'avec la plus grande ſatisfaction, d'autant plus que la proſpérité de
ſon regne & ſa grandeur en dépendent.

Il n'y a donc pas à craindre que le revenu immenſe que produiroient les maiſons d'aſſociation des campagnes donnât
envie au Roi de ſe les approprier par une
augmentation d'impôts. Au contraire il
verroit avec joye proſpérer ces Etabliſſemens, bien perſuadé que le vrai tréſor
de ſon Etat eſt l'abondance dont jouiſſent

ſes ſujets, & que plus ils ſont riches, plus ils peuvent le ſecourir lorſque les circonſtances le demandent. Il eſt même de l'intérêt du Prince d'en agir ainſi. Car au fonds c'eſt pour le Roi qu'on économiſera ces revenus, puiſque tous les ans on les repartira ſur les paroiſſes pour être employées au payement de leurs impoſitions. Au lieu que ſi le gouvernement vouloit s'en emparer en attirant à ſoi la régie de ces maiſons, cette ſource inépuiſable de richeſſes, tarie ſur le champ, ne produiroit plus rien.

Suppoſons pour un inſtant que quelques avis contraires au bien de l'Etat prévaluſſent dans le Conſeil, & que le Roi ſe déterminât à charger davantage ſes peuples: ſuppoſons, ſi l'on veut, que cette augmentation fût égale aux revenus des nouveaux Etabliſſemens que nous avons propoſés. Ces maiſons ne laiſſeroient pas encore d'être très avantageuſes par pluſieurs raiſons.

1. Le Roi attirant à lui tous ces tréſors rempliroit ſes coffres, & ſeroit en état de faire face à toutes les dépenſes, & d'aquitter en peu de tems toutes les dettes de l'Etat, d'où il arriveroit que par la ſuite il ne ſeroit pas obligé d'impoſer de nouvelles levées d'argent, au lieu que dans la ſituation actuelle des choſes la moindre circonſtance oblige le gouvernement à recourir à de nouveaux moyens pour y faire face. Il eſt donc important de toute ma-

niere que nos Etabliſſemens aient lieu, &
quelques ſuppoſitions que l'on faſſe, ils
feront toujours très utiles.

2. Allons plus loin : quand même il
n'en réſulteroit aucun bien pour l'Etat par
rapport au ſoulagement des charges publiques, j'y vois toujours un grand bien
qu'on ne peut jamais conteſter. Un mil-
lion de perſonnes qui ſont actuellement
dans la plus affreuſe miſere y ſeroient logés, nourris, & entretenus pendant le
reſte de leur vie. Quantité de malades
qui périſſent faute de ſecours y trouveroient la guériſon de leurs maux. Un
nombre prodigieux d'enfans que leurs parens ne ſont pas en état de nourrir, y ſeroient reçus & élevés; & on les mettroit
dans le cas de pouvoir travailler pour leur
compte en ſortant de cette maiſon.

Quand on ne pourroit pas eſpérer d'autres avantages de ces maiſons d'aſſociation, ceux-ci ſont aſſez conſidérables
pour en encourager l'entrepriſe. Les terres vacantes & en friche qui ne produiſent
actuellement rien du tout, étant miſes en
valeur, augmenteroient la quantité des
denrées, & tout le peuple en général s'en
reſſentiroit.

A la vérité les avantages qui en naî-
troient pour les peuples & pour le Roi
même, ſeroient moins grands dans ce cas
qu'ils ne ſeroient dans la ſuppoſition où
on en laiſſeroit les revenus pour le ſoulagement des paroiſſes & ſans augmenter les

impôts. Mais comme il n'appartient pas aux particuliers de donner des loix au souverain & qu'il faut se soumettre à ses volontés, même dans le cas où elles ne seroient pas tout-à-fait à l'avantage du peuple, nous nous contenterons de répéter que le plus grand bien de l'Etat & des particuliers exige que notre projet soit suivi avec ses conditions; mais qu'aussi dans toute autre supposition il n'en est pas moins vrai que les maisons d'association dans les campagnes, telles que nous les avons proposées ne peuvent qu'être très utiles au peuple; qu'ainsi la grande objection qu'on nous oppose, ne peut porter que sur le plus ou le moins d'utilité, mais ne doit jamais empêcher l'exécution du projet.

Fin du Tome premier.